しょんぼり百人一首《ひゃくにんいっしゅ》

~それでも愛《いと》おしい歌人《かじん》たち~

著 天野慶
絵 イケウチリリー

幻冬舎

プロローグ

～「百人一首《ひゃくにんいっしゅ》」がしょんぼりな理由《りゆう》～

昔々《むかしむかし》の、鎌倉時代《かまくらじだい》のはじめのころ。
京《きょう》（今《いま》の京都府京都市《きょうとふきょうとし》）の都《みやこ》に
藤原定家《ふじわらのていか(さだいえ)》という歌人《かじん》がいました。

当時《とうじ》、いちばん活躍《かつやく》していた
歌人《かじん》である定家《ていか》さん。後鳥羽院《ごとばいん》から
「よい歌《うた》を集《あつ》めて、
歌集《かしゅう》を作《つく》りなさい」
と、命令《めいれい》が下《くだ》されます！

定家《ていか》さんは仲間《なかま》たちといっしょに
昔《むかし》のものから今《いま》の歌人《かじん》の歌《うた》まで
優《やさ》しくて美《うつく》しい歌《うた》をじっくり撰《えら》び、
後鳥羽院《ごとばいん》に
「できました！」と、見《み》せました。

歌《うた》にくわしい後鳥羽院《ごとばいん》は、
定家《ていか》さんからわたされた歌集《かしゅう》の原稿《げんこう》を見《み》て、
「うーん、これはいらない……。
これはいい歌《うた》だから入《い》れたい……」
と手直《てなお》しをはじめました。

あちこち切《き》ったり貼《は》ったりしてある
歌集《かしゅう》の原稿《げんこう》を見《み》た定家《ていか》さんは大《だい》ショック！
さらにその後何度《ごなんど》も
後鳥羽院《ごとばいん》が手直《てなお》しをして……。

「あんなに手《て》を入《い》れられてしまったら、
もう自分《じぶん》が撰《えら》んだとはいえない……」

70歳《さい》を過《す》ぎたころ、もう一度《いちど》歌集《かしゅう》を作《つく》るも
また大《おお》きく手直《てなお》しされてしまいます。

しょんぼりと落《お》ちこんでいる定家《ていか》さんに、

「やあ、定家《ていか》！ お願《ねが》いがあるんだ」

と、声《こえ》をかけてきた人《ひと》がいます。

友《とも》だちの宇都宮頼綱《うつのみやよりつな》でした。

「別荘《べっそう》の障子《しょうじ》（今《いま》のふすま）に
歌《うた》をかざりたいんだ。
歌《うた》を撰《えら》んで、それを色紙《しきし》に
書《か》いてくれないかな？」

定家《ていか》さんは
「いや、字《じ》を書《か》くのが苦手《にがて》だから……」
と断《ことわ》りますが
「そんなことないよ！
ぜひとも書《か》いてよ！」と
ぐいぐいせまる頼綱《よりつな》さんに
「好《す》きな歌《うた》を
撰《えら》んでいいなら、やるよ!!」
と、ひきうけたのでした。

頼綱《よりつな》さんの別荘用《べっそうよう》に撰《えら》んだ百《ひゃく》の歌《うた》は、
いつしか「**百人一首**《ひゃくにんいっしゅ》」と呼《よ》ばれるようになり、
広《ひろ》く親《した》しまれるようになりました。

江戸時代《えどじだい》の子《こ》どもたちが
習字《しゅうじ》**のお手本**《てほん》として使《つか》うようになり、
さらに**かるた遊**《あそ》**び**として進化《しんか》。

明治時代《めいじじだい》には
「**競技**《きょうぎ》**かるた**」として
ルールが定《さだ》められました。

漫画《まんが》や映画《えいが》の題材《だいざい》になり、
今《いま》も大人気《だいにんき》の「**百人一首**《ひゃくにんいっしゅ》」。
季節《きせつ》の歌《うた》や恋《こい》の歌《うた》など、
美《うつく》しく雅《みやび》やかな歌《うた》ばかりと
思《おも》いきや……、

定家《ていか》さんが
しょんぼりしていたせいか、
しょんぼりした歌《うた》や人《ひと》たちが
たくさん撰《えら》ばれています。

恋愛禁止《れんあいきんし》の相手《あいて》と恋《こい》に落《お》ちたり、
かけおちに失敗《しっぱい》して髪《かみ》を切《き》られたり、
呪《のろ》いをかけられたり、
暗殺者《あんさつしゃ》におびえたり……。
歌《うた》や作者自身《さくしゃじしん》はハッピーでも、
後世《こうせい》の人《ひと》に歌《うた》をけなされるなど
思《おも》わぬところでしょんぼりになって
しまうこともあります。

しょんぼり、がっかり、
くよくよを乗《の》り越《こ》えて、
がんばった歌人《かじん》たちの
人間味《にんげんみ》あふれる姿《すがた》を知《し》れば、
むずかしそうな「百人一首《ひゃくにんいっしゅ》」が
もっと身近《みぢか》に感《かん》じられるはず!!

人生《じんせい》、家族《かぞく》、恋愛《れんあい》、仕事《しごと》、
その他《た》いろいろ……
テーマごとにまとめました。

「しょんぼり」をキーワードに
「百人一首《ひゃくにんいっしゅ》」を読《よ》んでみましょう!!

もくじ

3章《しょう》 恋愛《れんあい》でしょんぼり

4章《しょう》 仕事《しごと》でしょんぼり

5章《しょう》 いろいろとしょんぼり

◆◇◆◇◆◇◆◇◆◇◆◇◆◇◆◇◆◇◆◇◆◇◆◇◆◇◆◇◆◇◆◇◆◇◆◇

この本《ほん》の使《つか》い方《かた》

和歌《わか》を知《し》ろう

作者名《さくしゃめい》、和歌《わか》、歌《うた》の意味《いみ》、データをのせています。歌人《かじん》としての名前《なまえ》と本名《ほんみょう》が異《こと》なることがあります。（本名《ほんみょう》が不明《ふめい》な人《ひと》は「名前《なまえ》」としています）

しょんぼりエピソードを読《よ》もう

作者《さくしゃ》や和歌《わか》にまつわる、しょんぼりエピソードをイラスト付《つ》きでのせています。

★百人一首《ひゃくにんいっしゅ》には「歌番号《うたばんごう》」があります。しょんぼりエピソードの中《なか》に、百人一首《ひゃくにんいっしゅ》に撰《えら》ばれたほかの歌人《かじん》がキーポイントで登場《とうじょう》するときは、名前《なまえ》のうしろに歌番号《うたばんごう》を示《しめ》しています。

キーワードを調《しら》べてみよう

作者《さくしゃ》に関連《かんれん》するキーワードや、部立《ぶだ》て、決《き》まり字《じ》などをのせています。

─ 1章《しょう》 ─

人《じん》生《せい》で しょんぼり

〈花《はな》の色《いろ》は〉の小野小町《おののこまち》は……

キラキラ美女《びじょ》でも最期《さいご》はドクロに!?

花《はな》の色《いろ》は
移《うつ》りにけりな
いたづ《ず》らに
わが身《み》世《よ》にふる
ながめせし間《ま》に

小野小町《おののこまち》

歌《うた》の意味《いみ》

桜《さくら》の花《はな》は
色《いろ》あせてしまった。
長雨《ながあめ》にあたるうちに。
わたしもぼんやり
している間《あいだ》に、
美《うつく》しいときが
過《す》ぎてしまった。

DATA
- 歌番号《うたばんごう》：9首目《しゅめ》
- 名前《なまえ》：小野小町《おののこまち》
- 活躍《かつやく》した時代《じだい》：平安《へいあん》
- 出典《しゅってん》：『古今和歌集《こきんわかしゅう》』

伝説《でんせつ》の美女《びじょ》・**小野小町《おののこまち》**。千年先《せんねんさき》まで伝《つた》わるほどの美人《びじん》なら、とってもハッピーな人生《じんせい》だったのでは？

いえいえ、美《うつく》しい人《ひと》には美《うつく》しいなりの苦労《くろう》があるようです。

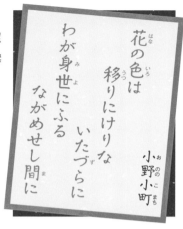

モテモテの**小町《こまち》**さん。ラブレターがどっさり届《とど》きます。

「本当《ほんとう》に好《す》きなら、毎日《まいにち》家《いえ》まで来《き》て。そしたら百日目《ひゃくにちめ》に会《あ》ってあげてもいいわ」なんて、上《うえ》から目線《めせん》すぎる条件《じょうけん》を出《だ》します。

それを聞《き》いた深草少将《ふかくさのしょうしょう》は雨《あめ》の日《ひ》も風《かぜ》の日《ひ》も通《かよ》います。平安時代《へいあんじだい》なので電車《でんしゃ》や車《くるま》があるはずもなく、牛車《ぎっしゃ》に乗《の》って

ポクポクモーモー出《で》かけていきます。がんばって通《かよ》い続《つづ》け、ついに大雪《おおゆき》の降《ふ》る九十九日目《きゅうじゅうくにちめ》、雪《ゆき》の中《なか》に倒《たお》れて死《し》んでしまったのでした……。

すぐれた六人《ろくにん》の歌人《かじん》「六歌仙《ろっかせん》」のメンバーにも選《えら》ばれ、イケメン歌人《かじん》・在《あり》原業平《わらのなりひら》ともお友《とも》だち。キラキラな**小町**《こまち》さんですが、**晩年**《ばんねん》**はボロボロの姿**《すがた》**であちこちをさまよった、ドクロになって野原**《のはら》**に落**《お》**ちていたのを業平**《なりひら》**に見**《み》**つけてもらった**など、ひどすぎる伝説《でんせつ》も。もしや……あの深草少将《ふかくさのしょうしょう》の呪《のろ》い？

〈花《はな》**の色**《いろ》**は〉は、きれいに咲**《さ》**いていた桜**《さくら》**が、雨**《あめ》**に降**《ふ》**られてすっかり色**《いろ》**あせてしまった……と、しょんぼりする歌**《うた》**。**あんなに美《うつく》しかったのに今《いま》では……と、自分《じぶん》の顔《かお》を鏡《かがみ》で見《み》ながらため息《いき》をついている姿《すがた》にも重《かさ》なります。

#春《はる》　#桜《さくら》　#雨《あめ》　#世界三大美女《せかいさんだいびじょ》　#百夜通《ももよがよ》い　#在原業平《ありわらのなりひら》

〈筑《つく》波《ば》嶺《ね》の〉の陽《よう》成《ぜい》院《いん》は……

やんちゃすぎて、暴《あば》れまくりの人《じん》生《せい》！

筑《つく》波《ば》嶺《ね》の　みねより落《お》つる　みなの川《がわ》
恋《こい》ぞつもりて　ふちとなりぬる

陽《よう》成《ぜい》院《いん》

歌《うた》の意《い》味《み》

筑《つく》波《ば》山《さん》のてっぺんから流《なが》れ落《お》ちてゆく男女川《みなのがわ》が深《ふか》い淵《ふち》になるように、ぼくの恋心《こいごころ》もつもって深《ふか》くなってしまいました。

DATA

- 歌番号《うたばんごう》：13首目《しゅめ》
- 本名《ほんみょう》：陽成天皇《ようぜいてんのう》
- 活躍《かつやく》した時代《じだい》：平安《へいあん》
- 出典《しゅってん》：『後撰和歌集《ごせんわかしゅう》』

〈筑《つく》波《ば》嶺《ね》の〉は、だんだんと君《きみ》のことが好《す》きになって、今《いま》では大《だい》好《す》きだ！というかわいらしい恋《こい》の歌《うた》。

さぞかしロマンチックな人《ひと》かと思《おも》いきや……まったく反《はん》対《たい》。陽《よう》成《ぜい》院《いん》は、暴《あば》れん坊《ぼう》として有《ゆう》名《めい》だったのです。

わずか9歳《さい》で天《てん》皇《のう》になりますが、大《だい》事《じ》な宝《ほう》剣《けん》を振《ふ》り回《まわ》して遊《あそ》んだり、カエルを集《あつ》めてヘビにのませたり、犬《いぬ》とサルを戦《たたか》わせて楽《たの》しんだり、家《か》臣《しん》の別《べっ》荘《そう》を壊《こわ》したり、もう大《おお》暴《あば》れ!!

あまりのひどさに摂《せっ》政《しょう》（天《てん》皇《のう》の代《か》わりに政《せい》治《じ》を行《おこな》う人《ひと》）の藤《ふじ》原《わらの》基《もと》経《つね》が「やってられないよ！」と家《いえ》に引《ひ》きこもって

#光孝天皇《こうこうてんのう》　#元良親王《もとよししんのう》　#序詞《じょことば》　#第《だい》57代天皇《だいてんのう》　#つく

しまうほどでした。

天皇《てんのう》を退《しりぞ》いたのは16歳《さい》のとき。そのあと**〈筑波嶺《つくばね》の〉**を贈《おく》った相手《あいて》と結婚《けっこん》します。

大人《おとな》になって落《お》ち着くかと思《おも》いきや、**陽成院《ようぜいいん》**の暴君《ぼうくん》っぷりはエスカレート。**屋敷《やしき》で三十四頭《さんじゅうよんとう》の馬《うま》を飼《か》い、家来《けらい》たちと野山《のやま》を駆《か》け回《まわ》り、またもや人《ひと》の家《いえ》を壊《こわ》して暴《あば》れ回《まわ》る……。**

40歳《さい》を過《す》ぎてからようやく少《すこ》しだけ落《お》ち着き、歌合《うたあわせ》(2チームに分《わ》かれて歌《うた》の勝敗《しょうはい》を決《き》める短歌《たんか》バトル)を開《ひら》きますが、歌《うた》のテーマは「夏虫《なつむし》の恋《こい》」という一風変《いっぷうか》わったものでした。

当時《とうじ》としてはおどろくほど長生《ながい》きの82歳《さい》で亡《な》くなるまで、ずっとエキセントリックな人《ひと》なのでした。

#恋《こい》 #告白《こくはく》 #筑波山《つくばさん》 #男女川《みなのがわ》 #歌枕《うたまくら》 #歌垣《うたがき》 #馬《うま》 #在原業平《ありわらのなりひら》

〈奥山《おくやま》に〉の猿《さる》丸《まる》大《だ》夫《ゆう》は……

顔《かお》がサルに似《に》ているからってこの名前《なまえ》!?

奥山《おくやま》に　もみぢ《じ》ふみわけ　鳴《な》く鹿《しか》の　声《こえ》聞《き》くときぞ　秋《あき》は悲《かな》しき

猿《さる》丸《まる》大《だ》夫《ゆう》

歌《うた》の意味《いみ》

深《ふか》い山奥《やまおく》、紅葉《もみじ》の葉《は》っぱをふみわけながら鳴《な》いている鹿《しか》の声《こえ》を聞《き》くと、秋《あき》はますます悲《かな》しく感《かん》じられるよ。

DATA

- 歌番号《うたばんごう》：**5首目《しゅめ》**
- 名前《なまえ》：**猿丸大夫《さるまるだゆう》**
- 活躍《かつやく》した時代《じだい》：**奈良《なら》?**
- 出典《しゅってん》：**『古今和歌集《こきんわかしゅう》』**

百人一首《ひゃくにんいっしゅ》に登場《とうじょう》する歌人《かじん》のなかで、最初《さいしょ》に覚《おぼ》えちゃう、インパクトのある名前《なまえ》の**猿《さる》丸《まる》大《だ》夫《ゆう》**。せっかく覚《おぼ》えたのに、この**猿丸《さるまる》**さん、じつは伝説《でんせつ》の人物《じんぶつ》で、本当《ほんとう》に存在《そんざい》したのかあやしいのです。そのため聖徳太子《しょうとくたいし》の孫《まご》だとか、顔《かお》がサルに似《に》ていた歌《うた》の上手《うま》い商人《しょうにん》だとか、諸説《しょせつ》ありすぎるほど。

作者《さくしゃ》がだれか伝《つた》わっていない「詠《よ》み人知《びとし》らず」として歌集《かしゅう》（短歌《たんか》を集《あつ》めた本《ほん》）に載《の》っているのを知《し》りつつも、百人一首《ひゃくにんいっしゅ》の撰者《せんじゃ》・定家《ていか》さんは、**〈奥山《おくやま》に〉**を**猿丸《さるまる》**さんの作品《さくひん》としたようです。……「それわたしの歌《うた》なのに！」って、本当《ほんとう》の作者《さくしゃ》さんがシカといっしょに泣《な》いちゃいそう……。

#秋《あき》　#シカ　#紅葉《もみじ》　#荻《おぎ》の黄葉《こうよう》　#吟遊詩人《ぎんゆうしじん》　#三十六歌仙《さんじゅうろっかせん》　#おく

〈これやこの〉の蟬丸《せみまる》は……

髪《かみ》の毛《け》があるかないかに注目《ちゅうもく》される!

これやこの
行《ゆ》くも帰《かえ》るも
別《わか》れては
知《し》るも知《し》らぬも
逢坂《おうさか》の関《せき》

蟬丸《せみまる》

歌《うた》の意味《いみ》

これがあの、
都《みやこ》から東《ひがし》へ行《い》く人《ひと》も
都《みやこ》へ帰《かえ》ってくる人《ひと》も、
知《し》っている人《ひと》も
知《し》らない人《ひと》も、
出会《であ》って別《わか》れるという
逢坂《おうさか》の関《せき》か!

DATA
- 歌番号《うたばんごう》:10首目《しゅめ》
- 名前《なまえ》:蟬丸《せみまる》
- 活躍《かつやく》した時代《じだい》:平安《へいあん》
- 出典《しゅってん》:『後撰和歌集《ごせんわかしゅう》』

「坊主《ぼうず》めくり」で遊《あそ》ぶとき、大注目《だいちゅうもく》される**蟬丸《せみまる》**。フードみたいな頭巾《ずきん》をかぶっていて「坊主《ぼうず》なの? 髪《かみ》の毛《け》は生《は》えているの?」ってすごく気《き》になる!(「坊主《ぼうず》めくり」での**蟬丸《せみまる》**さんの取《と》り扱《あつか》いは、ローカルルールがたくさんあるので、確認《かくにん》してからゲームをスタートしましょう)

当時《とうじ》の旅《たび》はとても危険《きけん》。家族《かぞく》や恋人《こいびと》と一《いち》度《ど》別《わか》れたら、一生会《いっしょうあ》えないかもしれない。電話《でんわ》をしたり、写真《しゃしん》を送《おく》りあったりできないですからね。関所《せきしょ》のそばの小屋《こや》で琵琶《びわ》をひきながら**〈これやこの〉〈知《し》るも知《し》らぬも〉**とリズミカルに歌《うた》う**蟬丸《せみまる》**さんですが、行《い》き交《か》う人《ひと》は涙涙《なみだなみだ》の逢坂《おうさか》の関《せき》なのです。

#雑《ぞう》 #逢坂《おうさか》の関《せき》 #歌枕《うたまくら》 #琵琶《びわ》の名手《めいしゅ》 #無常観《むじょうかん》 #関蟬丸神社《せきせみまるじんじゃ》 #これ

〈世《よ》の中《なか》よ〉の皇太后宮大夫俊成《こうたいごうぐうのだいぶしゅんぜい》は……

生《い》きるのがつらすぎる……現実逃避《げんじつとうひ》で山奥《やまおく》へ！

皇太后宮大夫俊成《こうたいごうぐうのだいぶしゅんぜい》

世《よ》の中《なか》よ
道《みち》こそなけれ
思《おも》ひ《い》いる
山《やま》の奥《おく》にも
鹿《しか》ぞ鳴《な》くなる

歌《うた》の意味《いみ》

世《よ》の中《なか》よ、つらいことから逃《のが》れられる道《みち》はないのだな。深《ふか》く思《おも》いつめて入《はい》った山奥《やまおく》でも、鹿《しか》が悲《かな》しげに鳴《な》いているようだ。

DATA
- 歌番号《うたばんごう》：83首目《しゅめ》
- 本名《ほんみょう》：藤原俊成《ふじわらのしゅんぜい（としなり）》
- 活躍《かつやく》した時代《じだい》：平安《へいあん》～鎌倉《かまくら》
- 出典《しゅってん》：『千載和歌集《せんざいわかしゅう》』

「ああ、もう何《なに》もかもがイヤだ!!」と、ぐんぐん山奥《やまおく》へ進《すす》む**藤原俊成《ふじわらのしゅんぜい》**。いったいどうしたのでしょう？

時《とき》は平安時代末期《へいあんじだいまっき》。**源氏《げんじ》VS平家《へいけ》で武士《ぶし》たちは戦《たたか》い、天皇家《てんのうけ》のまわりも兄弟《きょうだい》・親子《おやこ》の間《あいだ》でけんか続《つづ》き。大混乱《だいこんらん》の世《よ》の中《なか》です。**

俊成《しゅんぜい》さんの友《とも》だちも次々《つぎつぎ》と出家《しゅっけ》（家族《かぞく》や仕事《しごと》を捨《す》てて、お坊《ぼう》さんになって修行《しゅぎょう》をすること）します。

歌《うた》の仲間《なかま》で、仕事《しごと》も順調《じゅんちょう》だったはずの親友《しんゆう》まで、突然愛《とつぜんあい》する妻《つま》と子《こ》を置《お》いて出家《しゅっけ》してしまい、大《だい》ショック！

自分《じぶん》もこんなつらい世《よ》の中《なか》から逃《に》げ

出《だ》してしまおうか……。そんなわけで悩《なや》みながら山奥《やまおく》へ。そこへ突然《とつぜん》「キュイーッ！」とシカの悲《かな》しげな高《たか》い声《こえ》が。「……そうか、こんな山奥《やまおく》でさえも、シカは悲《かな》しげに鳴《な》いている。どこへ行《い》っても苦《くる》しみからは逃《に》げられないのか……。

そうだ、生《い》き抜《ぬ》いて、歌《うた》の道《みち》をもっと究《きわ》めなければ！」と、くるりと振《ふ》り返《かえ》ると都《みやこ》へと帰《かえ》っていったのでした。この**俊成**《しゅんぜい》さんは、百人一首《ひゃくにんいっしゅ》の撰者《せんじゃ》・定家《ていか》さんのお父《とう》さん。

もしもシカが鳴《な》かずに**俊成**《しゅんぜい》さんが27歳《さい》で出家《しゅっけ》していたら、息子《むすこ》の定家《ていか》さんはこの世《よ》に生《う》まれていません。定家《ていか》さんが生《う》まれなかったら、この百人一首《ひゃくにんいっしゅ》も存在《そんざい》しない……!!

鳴《な》いてくれてありがとう、シカ!!

#雑《ぞう》　#シカ　#出家《しゅっけ》やめた　#当時《とうじ》20代《だい》　#運命《うんめい》　#藤原定家《ふじわらのていか》

〈人《ひと》もを《お》し〉の後鳥羽院《ごとばいん》は……

鎌倉幕府《かまくらばくふ》に負《ま》け、島流《しまなが》しにされ人生《じんせい》を終《お》える！

人《ひと》もを《お》し
人《ひと》もうらめし
あぢ《じ》きなく
世《よ》を思《おも》ふ《う》ゆゑ《え》に
もの思《おも》ふ《う》身《み》は

後鳥羽院《ごとばいん》

歌《うた》の意味《いみ》

あるときは
人《ひと》を愛《いと》おしく思《おも》い、
また人《ひと》をうらめしく思《おも》う。
この世《よ》はつまらないと思《おも》って
あれこれと思《おも》い悩《なや》む
わたしにとっては。

DATA
- 歌番号《うたばんごう》：99首目《しゅめ》
- 本名《ほんみょう》：後鳥羽天皇《ごとばてんのう》
- 活躍《かつやく》した時代《じだい》：平安《へいあん》〜鎌倉《かまくら》
- 出典《しゅってん》：『続後撰和歌集《しょくごせんわかしゅう》』

「島流《しまなが》し」とは、死罪《しざい》の次《つぎ》に重《おも》い刑罰《けいばつ》で、都《みやこ》から遠《とお》く離《はな》れた島《しま》に送《おく》られてしまうこと。

とても古《ふる》くからある罰《ばつ》で、百人一首《ひゃくにんいっしゅ》にも島流《しまなが》しの刑罰《けいばつ》を受《う》けた人物《じんぶつ》がいるのです。

後鳥羽院《ごとばいん》も島流《しまなが》しにされたひとり。息子《むすこ》の順徳院《じゅんとくいん》⑩⓪とともに、鎌倉幕府《かまくらばくふ》に反乱《はんらん》を起《お》こし、負《ま》けたのちは島流《しまなが》しにされてしまいました。

そんな**後鳥羽院《ごとばいん》**は4歳《さい》のとき、天皇《てんのう》のしるしとして代々《だいだい》伝《つた》わる大事《だいじ》な「三《さん》種《しゅ》の神器《じんぎ》（鏡《かがみ》・剣《けん》・勾玉《まがたま》）」がないまま天皇《てんのう》になりました。

#島流《しまなが》し　#隠岐《おき》　#倒置法《とうちほう》　#第《だい》82代天皇《だいてんのう》　#ひとも

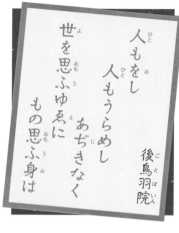

十代《じゅうだい》のころから笛《ふえ》や琵琶《びわ》などの楽器《がっき》の演奏《えんそう》・蹴鞠《けまり》・水泳《すいえい》・乗馬《じょうば》・鍛剣《たんけん》・相撲《すもう》・弓道《きゅうどう》に打《う》ちこみ、強盗《ごうとう》を自分《じぶん》で捕《つか》まえるほど武芸《ぶげい》にも優《すぐ》れていました。

とにかくパーフェクトな**後鳥羽院**《ごとばいん》は、体《からだ》を動《うご》かすことだけでなく、和歌《わか》でも才能《さいのう》を発揮《はっき》します。

百人一首《ひゃくにんいっしゅ》の撰者《せんじゃ》・定家《ていか》さんに歌《うた》を習《なら》い、歌《うた》について熱《あつ》く語《かた》りあいました。

しかし、**協力《きょうりょく》して新《あたら》しい歌集《かしゅう》を作《つく》るうちに意見《いけん》が分《わ》かれ、ふたりは大《おお》ゲンカ！「もう絶交《ぜっこう》だ！」と別《わか》れたまま、後鳥羽院《ごとばいん》は鎌倉幕府《かまくらばくふ》に敗北《はいぼく》し、隠岐《おき》の島《しま》に連《つ》れていかれてしまいました。**

そのまま都《みやこ》へ帰《かえ》ることもなく、十九《じゅうく》年後《ねんご》、**後鳥羽院**《ごとばいん》は島《しま》で亡《な》くなります。定家《ていか》さんはその間《あいだ》、**後鳥羽院**《ごとばいん》に手紙《てがみ》を送《おく》ることさえありませんでした。

#雑《ぞう》 #人間関係《にんげんかんけい》の悩《なや》み #藤原定家《ふじわらのていか》 #順徳院《じゅんとくいん》 #承久《じょうきゅう》の乱《らん》 #鎌倉幕府《かまくらばくふ》

〈わがいほ《お》は〉の喜《き》撰《せん》法《ほう》師《し》は……

いじわるなうわさを流《なが》される！

わがいほ《お》は　都《みやこ》のたつみ　しかぞ住《す》む
世《よ》をうぢ《じ》山《やま》と　人《ひと》はいふ《う》なり

喜《き》撰《せん》法《ほう》師《し》

歌《うた》の意味《いみ》

わしの小屋《こや》は都《みやこ》の東南《とうなん》。このようにおだやかに住《す》んでいますぞ。みな、世《よ》の中《なか》がいやになって山《やま》にいるなんて言《い》いますが。

DATA

- 歌番号《うたばんごう》：8首目《しゅめ》
- 名前《なまえ》：喜撰法師《きせんほうし》
- 活躍《かつやく》した時代《じだい》：平安《へいあん》
- 出典《しゅってん》：『古今和歌集《こきんわかしゅう》』

せっかく「六歌仙《ろっかせん》」に選《えら》ばれているのに、今《いま》ものこる歌《うた》がこの一首《いっしゅ》だけ、という**喜撰《きせん》法師《ほうし》**。この度《たび》、都《みやこ》から東南《とうなん》の方角《ほうがく》の「宇治《うじ》山《やま》」へお引《ひ》っ越《こ》し。ん？　都《みやこ》の人《ひと》たちがひそひそうわさしていますよ。

「世《よ》の中《なか》がイヤになって、山《やま》へ逃《に》げたんだって！」

「へー、ひとりぼっちで、うじうじしてるのかしらねえ」

喜撰《きせん》法師《ほうし》は、にやりと笑《わら》って〈いやいや、こうしての～んびり気《き》ままに暮《く》らしていますぞ！〉と歌《うた》でお返事《へんじ》。

おこもり生活《せいかつ》、楽《たの》しんでいるみたい。今《いま》も昔《むかし》も、みんなうわさ話《ばなし》が好《す》きですね。

#雑《ぞう》　#宇治《うじ》　#憂《う》し　#うわさ　#喜撰山《きせんやま》　#東南《とうなん》　#六歌仙《ろっかせん》　#掛詞《かけことば》　#わがい

〈山里《やまざと》は〉の源《みなもとの》宗于《むねゆき》朝臣《あそん》は……

さびしすぎて、くよくよする！

山里《やまざと》は
冬《ふゆ》ぞさびしさ
まさりける
人目《ひとめ》も草《くさ》も
かれぬと思《おも》へば

源《みなもとの》宗于《むねゆき》朝臣《あそん》

歌《うた》の意味《いみ》

山里《やまざと》は冬《ふゆ》になると、いっそうさびしく感《かん》じられる。人《ひと》の訪《おとず》れも途絶《とだ》え、草《くさ》も枯《か》れてしまうと思《おも》うと。

DATA

- 歌番号《うたばんごう》：28首目《しゅめ》
- 本名《ほんみょう》：源《みなもとの》宗于《むねゆき》
- 活躍《かつやく》した時代《じだい》：平安《へいあん》
- 出典《しゅってん》：『古今和歌集《こきんわかしゅう》』

こちらも都《みやこ》から離《はな》れて、ひとり山里《やまざと》へとやってきた**源宗于《みなもとのむねゆき》**。季節《きせつ》は冬《ふゆ》。

あれ？　なにかぶつぶつ言《い》っていますよ。

「……冬《ふゆ》になって、**もうだれも遊《あそ》びにきてくれない。すっかり草《くさ》も木《き》も枯《か》れてしまって、ひとりぼっち……。**みんな『秋《あき》はさびしいなぁ』とか言《い》うけれど、虫《むし》も鳥《とり》も鳴《な》くし、紅葉《こうよう》だってあるし。冬《ふゆ》のほうがずっとさびしいに決《き》まっているじゃないか！

ああ、**仕事《しごと》もうまくいかなくて、あちこち地方《ちほう》を回《まわ》って大変《たいへん》だった。天皇《てんのう》の孫《まご》だというのに、さびしい人生《じんせい》だったなあ……**」

喜撰法師《きせんほうし》と違《ちが》って、**宗于《むねゆき》**さんはずいぶんくよくよしていますね。

SYONBORI HYAKUNIN ISSHU

#冬《ふゆ》　#さびしい　#誰《だれ》も来《こ》ない　#三十六歌仙《さんじゅうろっかせん》　#掛詞《かけことば》　#倒置法《とうちほう》　#やまざ

〈恋《こい》すてふ《ちょう》〉の壬生忠見《みぶのただみ》は……
短歌《たんか》バトルに負《ま》けてショック死《し》!?

恋《こい》すてふ《ちょう》
わが名《な》はまだき
立《た》ちにけり
人《ひと》知《し》れずこそ
思《おも》ひ《い》そめしか
壬生忠見《みぶのただみ》

歌《うた》の意味《いみ》

恋《こい》をしているという
わたしのうわさが
早《はや》くも広《ひろ》がってしまった。
誰《だれ》にも知《し》られず、あの人《ひと》を
思《おも》いはじめたばかりなのに。

DATA
- 歌番号《うたばんごう》：41首目《しゅめ》
- 本名《ほんみょう》：壬生忠見《みぶのただみ》
- 活躍《かつやく》した時代《じだい》：平安《へいあん》
- 出典《しゅってん》：『拾遺和歌集《しゅういわかしゅう》』

平安時代《へいあんじだい》、貴族《きぞく》たちは蹴鞠《けまり》・囲碁《いご》・鷹狩《たかが》りなど、いろいろな遊《あそ》びを楽《たの》しんでいました。なかでも大流行《だいりゅうこう》したのは「物合《ものあわせ》」と呼《よ》ばれるバトル系《けい》の遊《あそ》び。

基本的《きほんてき》な遊《あそ》び方《かた》は、運動会《うんどうかい》の赤組《あかぐみ》対《たい》白組《しろぐみ》のように〈左《ひだり》チーム〉対《たい》〈右《みぎ》チーム〉で勝敗《しょうはい》を競《きそ》うというもの。1対《たい》1で戦《たたか》うところは、今《いま》の相撲《すもう》の取組《とりくみ》にも似《に》ています。勝負《しょうぶ》のテーマは、

＊絵《え》の美《うつく》しさを競《きそ》う「扇合《おうぎあわせ》」「絵合《えあわせ》」
＊花《はな》の美《うつく》しさを競《きそ》う「なでしこ合《あわせ》」「菊合《きくあわせ》」「紅梅合《こうばいあわせ》」
＊植物《しょくぶつ》の根《ね》っこの美《うつく》しさと長《なが》さを競《きそ》う「菖蒲根合《しょうぶねあわせ》」

#左《ひだり》チーム　#負《ま》け　#三十六歌仙《さんじゅうろっかせん》　#倒置法《とうちほう》　#こひ

＊動物《どうぶつ》の鳴《な》き声《ごえ》のよさや強《つよ》さを競《きそ》う「鶏合《にわとりあわせ》」「犬合《いぬあわせ》」

とにかく、なんでもバトルです。

とくに盛《も》りあがるのは短歌《たんか》バトルの「**歌合**《うたあわせ》」で、参加歌人《さんかかじん》にとっては運命《うんめい》を大《おお》きく変《か》える、命《いのち》がけの勝負《しょうぶ》です。

〈恋《こい》すてふ《ちょう》〉も、歌合《うたあわせ》で詠《よ》まれた歌《うた》。田舎《いなか》から来《き》た**壬生忠見**《みぶのただみ》VS都育《みやこそだ》ちの平《たいらの》兼盛《かねもり》❹⓪のバトルです。両者《りょうしゃ》ともすばらしい「恋《こい》」の歌《うた》で判定《はんてい》は大《おお》もめ！　すると村上天皇《むらかみてんのう》が兼盛《かねもり》の歌《うた》をつぶやいたので、忠見《ただみ》さんは負《ま》けてしまいました。

ギリギリで負《ま》けたショックが大《おお》きすぎてごはんを食《た》べられなくなり、死《し》んでしまいました……、と伝《つた》わっていますが、そのあとも貧乏《びんぼう》ながらも旅《たび》をして歌《うた》を詠《よ》み、元気《げんき》にちゃんと生《い》きていたようです。

#恋《こい》　#秘密《ひみつ》の恋《こい》　#うわさ　#歌合《うたあわせ》　#村上天皇《むらかみてんのう》　#天徳内裏歌合《てんとくだいりうたあわせ》

〈しのぶれど〉の平兼盛《たいらのかねもり》は……

短《たん》歌《か》バトルで勝《か》ったのに裁《さい》判《ばん》で負《ま》ける！

しのぶれど
色《いろ》にいでにけり
わが恋《こい》は
ものや思《おも》ふと
人《ひと》の問《と》ふまで

平兼盛《たいらのかねもり》

歌《うた》の意《い》味《み》

心《こころ》に秘《ひ》めていたけれど、
顔色《かおいろ》に出《で》てしまった、
わたしの恋心《こいごころ》は。
「思《おも》い悩《なや》んで
いるのですか」と
人《ひと》に尋《たず》ねられるほどに。

DATA

- 歌番号《うたばんごう》：40首目《しゅめ》
- 本名《ほんみょう》：平兼盛《たいらのかねもり》
- 活躍《かつやく》した時代《じだい》：平安《へいあん》
- 出典《しゅってん》：『拾遺和歌集《しゅういわかしゅう》』

こちらは歌合《うたあわせ》に勝利《しょうり》した**平兼盛《たいらのかねもり》**。

歌人《かじん》たちは歌合会場《うたあわせかいじょう》とは別《べつ》の部屋《へや》で結果発表《けっかはっぴょう》をじりじりと待《ま》っていたのですが、**兼盛《かねもり》**さんは自分《じぶん》の勝《か》ちを知《し》らされると「やったー！」とおどりながら飛《と》び出《だ》して行《い》ってしまいました（まだ歌合《うたあわせ》は終《お》わっていないのに……）。

負《ま》けて寝《ね》こんでいた壬生忠見《みぶのただみ》㊶にもちゃんとお見舞《みま》いに行《い》って、人《ひと》のよさそうな**兼盛《かねもり》**さんなのに、歌集《かしゅう》にはふられたときの歌《うた》がたくさん。

妻《つま》とは離婚《りこん》。その妻《つま》はすぐに別《べつ》の男性《だんせい》と結婚《けっこん》して、まもなく女《おんな》の赤《あか》ちゃんが誕生《たんじょう》。もしや自分《じぶん》の子《こ》では？と、

今《いま》でいう裁判《さいばん》を起《お》こしますが、**兼盛**《かねもり》さんが負《ま》けてしまいます。

そのときの赤《あか》ちゃんとは、百人一首《ひゃくにんいっしゅ》にも撰《えら》ばれている赤染衛門《あかぞめえもん》59のこと。彼女《かのじょ》の歌《うた》の才能《さいのう》からみて、どうやら本《ほん》当《とう》のお父《とう》さんは**兼盛**《かねもり》さんなのでは……ともいわれています。

歌合《うたあわせ》で勝《か》ったはずの**〈しのぶれど〉**も、「『思《おも》い悩《なや》んでいるのですか』なんて会話《かいわ》が入《はい》っていてテクニックは効《き》いているけれど、忠見《ただみ》の〈恋《こい》すてふ《ちょう》〉のほうが素直《すなお》ななかに、しみじみと恋《こい》する気持《きも》ちがあっていいよね」と、のちの評価《ひょうか》では**兼盛**《かねもり》さんのほうがすっかり低評価《ていひょうか》に。

せっかく試合《しあい》には勝《か》ったのに、人生《じんせい》はなんだか負《ま》けっぱなしの**兼盛**《かねもり》さんでした。

#恋《こい》　#秘密《ひみつ》の恋《こい》　#歌合《うたあわせ》　#村上天皇《むらかみてんのう》　#天徳内裏歌合《てんとくだいりうたあわせ》　#右《みぎ》チーム

〈うらみわび〉の相模《さがみ》は……

プライドが何《なに》より大事《だいじ》だった⁉

うらみわび
ほさぬそでだに
あるものを
恋《こい》にくちなむ《ん》
名《な》こそ惜《お》しけれ

相模《さがみ》

涙《なみだ》を流《なが》したとき、現代《げんだい》はハンカチなどでふきます。平安時代《へいあんじだい》はというと、着物《きもの》の袖《そで》を使《つか》ってふきました。お行儀《ぎょうぎ》が悪《わる》い？ みんなそうしているので、誰《だれ》も気《き》にしません。**相模《さがみ》**の袖《そで》も、冷《つめ》たい恋人《こいびと》を思《おも》い、涙《なみだ》をぬ**ぐったのでぬれています**。それも乾《かわ》くひまもないほど、びしょびしょに。

でも、恋人《こいびと》がひどいことより心配《しんぱい》なことがあるそうです。**うわさになって、そのせいで自分《じぶん》の評判《ひょうばん》が悪《わる》くなるのが何《なに》よりイヤ！** だそう。

恋多《こいおお》き**相模《さがみ》**さんは、**「涙《なみだ》で袖《そで》をぬらす」歌《うた》をたくさん詠《よ》んでいます**。ぬれたまま放《ほう》っておいたら、袖《そで》がカビちゃうかも⁉

歌《うた》の意味《いみ》

うらみなげいて、
涙《なみだ》で乾《かわ》かず
くちてしまう
袖《そで》があるというのに、
この恋《こい》のせいで
わたしの評判《ひょうばん》まで
悪《わる》くなるなんて、
惜《お》しくてなりません。

DATA

- 歌番号《うたばんごう》：65首目《しゅめ》
- 名前《なまえ》：相模《さがみ》
- 活躍《かつやく》した時代《じだい》：平安《へいあん》
- 出典《しゅってん》：『後拾遺和歌集《ごしゅういわかしゅう》』

〈高砂《たかさご》の〉の権中納言《ごんちゅうなごん》匡房《まさふさ》は……

マジメすぎて、からかわれる！

権中納言《ごんちゅうなごん》匡房《まさふさ》

高砂《たかさご》の
尾《お》の上《え》のさくら
咲《さ》きにけり
とやまのかすみ
立《た》たずもあらなむ《ん》

歌《うた》の意味《いみ》

高《たか》い山《やま》の
峰《みね》の桜《さくら》が
咲《さ》いたなあ。
人里《ひとざと》に近《ちか》い
山《やま》の霞《かすみ》よ、
どうか立《た》たないで
おくれよ。

DATA

- 歌番号《うたばんごう》：**73首目《しゅめ》**
- 本名《ほんみょう》：**大江匡房《おおえのまさふさ》**
- 活躍《かつやく》した時代《じだい》：**平安《へいあん》**
- 出典《しゅってん》：**『後拾遺和歌集《ごしゅういわかしゅう》』**

〈高砂《たかさご》の〉と、遠《とお》くの山《やま》に見《み》える桜《さくら》を詠《よ》む**大江匡房《おおえのまさふさ》**。

4歳《さい》から勉強《べんきょう》をはじめて、8歳《さい》で中国《ちゅうごく》の歴史《れきし》の本《ほん》『史記《しき》』（全《ぜん》130巻《かん》）を暗記《あんき》した天才少年《てんさいしょうねん》・**匡房《まさふさ》**さん。さまざまな試験《しけん》にも合格《ごうかく》し、最年少記録《さいねんしょうきろく》を次々《つぎつぎ》と更新《こうしん》。礼儀《れいぎ》作法《さほう》にも詳《くわ》しく、政治家《せいじか》としても活躍《かつやく》。もちろん短歌《たんか》も上手《じょうず》！

とはいえ、**マジメすぎて女房《にょうぼう》たちにからかわれたり、「賢《かしこ》いが、性格《せいかく》はひねくれている」と右大臣《うだいじん》の日記《にっき》に書《か》かれたことも。自分《じぶん》の日記《にっき》は死《し》ぬ前《まえ》にしっかり焼却《しょうきゃく》する**など、**こじらせてしまっているところもある**のでした。

#春《はる》 #桜《さくら》 #霞《かすみ》 #歌会《うたかい》 #遥望山桜《やまざくらをはるかにのぞむ》 #漢学者《かんがくしゃ》 #赤染衛門《あかぞめえもん》 #たか

〈世《よ》の中《なか》は〉の鎌倉右大臣《かまくらのうだいじん》は……

平和《へいわ》を愛《あい》していたのに暗殺《あんさつ》される！

世《よ》の中《なか》は
常《つね》にもがもな
なぎさこぐ
あまの小舟《おぶね》の
つなでかなしも

鎌倉右大臣《かまくらのうだいじん》

歌《うた》の意味《いみ》

世《よ》の中《なか》はいつまでも
変《か》わらないでいてほしい。
波打《なみう》ち際《ぎわ》をこぐ
漁師《りょうし》の小舟《おぶね》の引《ひ》き綱《づな》にも
しみじみと心《こころ》が
ひかれるよ。

DATA

- 歌番号《うたばんごう》：93首目《しゅめ》
- 本名《ほんみょう》：源《みなもとの》 実朝《さねとも》
- 活躍《かつやく》した時代《じだい》：鎌倉《かまくら》
- 出典《しゅってん》：『新勅撰和歌集《しんちょくせんわかしゅう》』

鎌倉幕府《かまくらばくふ》を開《ひら》いた源 頼朝《みなもとのよりとも》がお父《とう》さん、尼将軍《あましょうぐん》こと北条政子《ほうじょうまさこ》がお母《かあ》さんである**源 実朝《みなもとのさねとも》**。

お父《とう》さんは落馬《らくば》がもとで亡《な》くなり、二代将軍《にだいしょうぐん》になったお兄《にい》さんはお風呂《ふろ》に入《はい》っているところを誘拐《ゆうかい》されたのちに暗殺《あんさつ》されてしまいました。

そのため**実朝《さねとも》**さんは12歳《さい》で鎌倉幕府《かまくらばくふ》三代将軍《さんだいしょうぐん》になります。しかし「兄《あに》と同《おな》じように暗殺《あんさつ》されるのでは」と恐《おそ》れる日々《ひび》。子《こ》どものころからかなりハードな人生《じんせい》です。

争《あらそ》いごとから離《はな》れたかったのか、歌《うた》や蹴鞠《けまり》などの京《きょう》の文化《ぶんか》にあこがれるよ

#鶴岡八幡宮《つるがおかはちまんぐう》　#藤原定家《ふじわらのていか》　#北条政子《ほうじょうまさこ》　#よのなかは

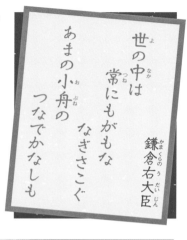

うになります。鎌倉（今の神奈川県鎌倉市）に住みながらも、京に住む定家さんに歌を習い、作品を送ったり、激レア歌集をプレゼントされたり（通信教育やオンライン学習の先がけ？）。

《世の中は》では、まだ若い実朝さんが鎌倉の海辺の平和な様子を愛おしそうにながめています。ずっと変わらずおだやかに暮らしていきたいという願いも感じられます。

そんな祈りも届かず、実朝さんは28歳のとき、鶴岡八幡宮で暗殺されてしまいます。犯人はお兄さんの子ども、つまりおいっ子である公暁でした。実朝さんを父のかたきだと信じてのことでした。その公暁もすぐに殺されてしまい、鎌倉幕府を開いた源家の直系は途絶えてしまったのでした。

#旅　#海　#永久不変　#鎌倉幕府　#征夷大将軍　#三代将軍

〈花《はな》さそふ《う》〉の入道前太政大臣《にゅうどうさきのだいじょうだいじん》は……

不老不死《ふろうふし》が手《て》に入《はい》らない！

花《はな》さそふ《う》　あらしの庭《にわ》の
雪《ゆき》ならで
ふりゆくものは
わが身《み》なりけり

入道前太政大臣《にゅうどうさきのだいじょうだいじん》

歌《うた》の意味《いみ》

桜《さくら》の花《はな》を
さそって散《ち》らす嵐《あらし》の吹《ふ》く庭《にわ》は、
雪《ゆき》が降《ふ》りゆくよう。
けれど本当《ほんとう》に
「古《ふ》りゆく」のは
年老《としお》いるわたし自身《じしん》
なのだなあ。

DATA

- 歌番号《うたばんごう》：96首目《しゅめ》
- 本名《ほんみょう》：藤原《ふじわらの》（西園寺《さいおんじ》）公経《きんつね》
- 活躍《かつやく》した時代《じだい》：平安《へいあん》～鎌倉《かまくら》
- 出典《しゅってん》：『新勅撰和歌集《しんちょくせんわかしゅう》』

百人一首《ひゃくにんいっしゅ》で最《もっと》も「しょんぼり」から遠《とお》そうなのが、お金持《かねも》ちの**藤原公経《ふじわらのきんつね》**。

あの金《きん》ピカに輝《かがや》く金閣寺《きんかくじ》のある場所《ばしょ》をきれいにして、最初《さいしょ》に別荘《べっそう》を建《た》てたのは**公経《きんつね》**さんです。

ほかにもあちらこちらの名所《めいしょ》にゴージャスな別荘《べっそう》を持《も》ち、大阪《おおさか》にある別荘《べっそう》には、神戸《こうべ》の有馬温泉《ありまおんせん》からお湯《ゆ》を運《はこ》ばせました。お風呂《ふろ》に温泉《おんせん》のもとを入《い》れるのではなく、お湯《ゆ》ごと持《も》ってくるなんて、すごいセレブ！

後鳥羽院《ごとばいん》99と仲《なか》が悪《わる》かったため、京《きょう》の都《みやこ》に住《す》む貴族《きぞく》なのに、敵《てき》ともいえる**鎌倉幕府《かまくらばくふ》**と仲良《なかよ》くしていた**公経《きんつね》**さん。

#孫《まご》は鎌倉幕府第四代将軍《かまくらばくふだいよんだいしょうぐん》　#西園寺《さいおんじ》　#擬人法《ぎじんほう》　#掛詞《かけことば》　#はなさ

鎌倉幕府《かまくらばくふ》三代将軍《さんだいしょうぐん》・源実朝《みなもとのさねとも》93が暗殺《あんさつ》されたのち、源家《みなもとけ》の血《ち》をちょっぴりついでいた**公経**《きんつね》さんの孫《まご》が鎌倉幕府《かまくらばくふ》四代将軍《よんだいしょうぐん》になることに！

実際《じっさい》の権力《けんりょく》は鎌倉《かまくら》にいる北条家《ほうじょうけ》がにぎっていたとはいえ、お金持《かねも》ちで豪華《ごうか》な別荘《べっそう》をたくさん所有《しょゆう》&孫《まご》は将軍《しょうぐん》。**公経**《きんつね》さん、向《む》かうところ敵《てき》なし！

お金持《かねも》ちや偉《えら》くなった人《ひと》が、最後《さいご》に望《のぞ》むものは、どの国《くに》でも、いつの時代《じだい》でも同《おな》じ。

年《とし》を取《と》らず、永遠《えいえん》に生《い》きていきたい。そう、「不老不死《ふろうふし》」です。

〈花《はな》さそふ〉は吹雪《ふぶき》のように降《ふ》ってくる桜《さくら》の花《はな》を見上《みあ》げながら、老《お》いてしまった自分《じぶん》のことを悲《かな》しんでいます。どれだけお金《かね》や地位《ちい》があっても、やっぱりみんな年《とし》を取《と》るのです。

#雑《ぞう》　#桜《さくら》　#不老不死《ふろうふし》　#セレブ　#藤原定家《ふじわらのていか》　#後鳥羽院《ごとばいん》

〈八重《やえ》むぐら〉の恵慶法師《えぎょうほうし》は……

お化《ば》け屋敷《やしき》で歌会《うたかい》を開《ひら》く！

八重《やえ》むぐら
しげれる宿《やど》の
さびしきに
人《ひと》こそ見《み》えね
秋《あき》は来《き》にけり

恵慶法師《えぎょうほうし》

歌《うた》の意味《いみ》

何重《なんじゅう》にも
雑草《ざっそう》のむぐらが茂《しげ》る
さびしい屋敷《やしき》に、
人《ひと》は訪《おとず》れて
来《き》てはくれない。
けれど秋《あき》だけは
来《き》てくれたんだなあ。

DATA

- 歌番号《うたばんごう》：**47首目《しゅめ》**
- 名前《なまえ》：**恵慶《えぎょう》**
- 活躍《かつやく》した時代《じだい》：**平安《へいあん》**
- 出典《しゅってん》：**『拾遺和歌集《しゅういわかしゅう》』**

「誰《だれ》も来《こ》ないなぁ……」としょんぼりしていた源宗于《みなもとのむねゆき》㉘の**〈山里《やまざと》は〉**の歌《うた》に対《たい》して、**恵慶法師《えぎょうほうし》**の**〈八重《やえ》むぐら〉**は〈草《くさ》がぼうぼうで、人《ひと》は誰《だれ》も来《こ》ないけど、秋《あき》はちゃ～んと来《き》てくれたよ！〉とポジティブ思考《しこう》！

ただ**恵慶法師《えぎょうほうし》**がいるのは山《やま》ではなく、もともとは豪華《ごうか》な別荘《べっそう》だったお屋敷《やしき》。あえて**ボロ屋敷《やしき》で歌会《うたかい》（みんなで集《あつ》まって歌《うた》を詠《よ》み、歌《うた》について話《はな》し合《あ》う会《かい》）を開《ひら》いている**のです。

もっときれいな所《ところ》に集《あつ》まればいいのにと思《おも》いますが、**雑草《ざっそう》が生《は》えたお化《ば》け屋敷《やしき》だからこそ、ムードがあっていいのだそう。**

昔《むかし》から「廃墟《はいきょ》マニア」っていたのですね。

#秋《あき》　#さびしい　#廃墟《はいきょ》　#河原院《かわらのいん》　#歌会《うたかい》　#雑草《ざっそう》ぼうぼう　#やへ

〈村《むら》雨《さめ》の〉の寂《じゃく》蓮《れん》法《ほう》師《し》は……

歌《うた》を一音《いちおん》しか聞《き》いてもらえない！

村《むら》雨《さめ》の
つゆもまだひぬ　まきの葉《は》に
きり立《た》ちのぼる　秋《あき》の夕《ゆう》ぐれ

寂《じゃく》蓮《れん》法《ほう》師《し》

歌《うた》の意《い》味《み》

にわか雨《あめ》が通《とお》り過《す》ぎて、しずくもまだ乾《かわ》かない真《ま》木《き》の葉《は》のあたりに、早《はや》くも霧《きり》が立《た》ち上《のぼ》っている秋《あき》の夕《ゆう》暮《ぐ》れよ。

DATA

- 歌《うた》番《ばん》号《ごう》：87首《しゅ》目《め》
- 本《ほん》名《みょう》：藤原定長《ふじわらのさだなが》
- 活《かつ》躍《やく》した時《じ》代《だい》：平《へい》安《あん》～鎌《かま》倉《くら》
- 出《しゅっ》典《てん》：『新《しん》古《こ》今《きん》和《わ》歌《か》集《しゅう》』

「たたみの上《うえ》の格《かく》闘《とう》技《ぎ》」ともいわれる競《きょう》技《ぎ》かるた。映《えい》画《が》にもなった人《にん》気《き》漫《まん》画《が》『ちはやふる』（末《すえ》次《つぐ》由《ゆ》紀《き》／講《こう》談《だん》社《しゃ》）にも、懸《けん》命《めい》に札《ふだ》を取《と》るシーンがたくさん出《で》てきます。

む・す・め・ふ・さ・ほ・せ。呪《じゅ》文《もん》？　いえ、競《きょう》技《ぎ》かるたで一《いち》音《おん》聞《き》いただけでも取《と》れる「一《いち》字《じ》決《き》まり」の札《ふだ》のこと。**〈村《むら》雨《さめ》の〉**も、ほかに「む」からはじまる歌《うた》がないのでたった一《いち》音《おん》で取《と》られてしまい、歌《うた》をちっとも聞《き》いてもらえません。

寂《じゃく》蓮《れん》法《ほう》師《し》も、藤原俊成《ふじわらのしゅんぜい》83に期《き》待《たい》されて養《よう》子《し》となり歌《うた》の道《みち》へ進《すす》んだのに、定《てい》家《か》さんが生《う》まれたので、後《あと》つぎをバトンタッチして出《しゅっ》家《け》するという悲《かな》しい運《うん》命《めい》の人《ひと》でした。

〈天《あま》の原《はら》〉の安倍仲麿《あべのなかまろ》は……

船《ふね》が難破《なんぱ》し、帰国《きこく》できずに亡《な》くなる！

天《あま》の原《はら》 ふりさけ見《み》れば 春日《かすが》なる
三笠《みかさ》の山《やま》に いでし月《つき》かも
安倍仲麿《あべのなかまろ》

歌《うた》の意味《いみ》

大空《おおぞら》をはるか見渡《みわた》した先《さき》にあるのは、あのなつかしい春日《かすが》の山《やま》の上《うえ》に出《で》ていたのと同《おな》じ月《つき》なんだ。

DATA
- 歌番号《うたばんごう》：7首目《しゅめ》
- 本名《ほんみょう》：安倍仲麿《あべのなかまろ》
- 活躍《かつやく》した時代《じだい》：飛鳥《あすか》～奈良《なら》
- 出典《しゅってん》：『古今和歌集《こきんわかしゅう》』

とても優秀《ゆうしゅう》な**安倍仲麿《あべのなかまろ》**は、国《くに》の代表《だいひょう》として唐《とう》（今《いま》の中国《ちゅうごく》）に派遣《はけん》される「遣《けん》唐使《とうし》」に選《えら》ばれました。

昔《むかし》の船旅《ふなたび》は、天候《てんこう》よりもうらない優《ゆう》先《せん》で出発《しゅっぱつ》する、船底《ふなぞこ》が四角《しかく》いのですぐに転覆《てんぷく》する、など危険《きけん》がいっぱい。

安全《あんぜん》な旅《たび》になるように、奈良《なら》にある三笠《みかさ》の山《やま》のふもとの神社《じんじゃ》でお参《まい》りをします。空《そら》には美《うつく》しい月《つき》が出《で》ています。

無事《ぶじ》に唐《とう》にたどり着《つ》き、皇帝《こうてい》に仕《つか》えてたくさんのことを学《まな》びます。詩人《しじん》たちとも仲良《なかよ》くなりました。

20歳《さい》だった**仲麿《なかまろ》**さん。あっという間《ま》に、三十五年《さんじゅうごねん》の月日《つきひ》が過《す》ぎました。

#玄宗皇帝《げんそうこうてい》　#李白《りはく》　#王維《おうい》　#安倍晴明《あべのせいめい》　#難破《なんぱ》　#あまの

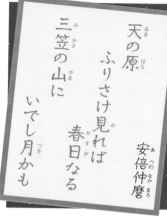

今日《きょう》は仲麿《なかまろ》さんのお別《わか》れパーティが開《ひら》かれています。豊富《ほうふ》な知識《ちしき》と、多《おお》くの思《おも》い出《で》をおみやげにして、日本《にほん》へ帰《かえ》ることになったのです。

実《じつ》は、それまでに何度《なんど》かお迎《むか》えが来《き》て帰《かえ》ろうとしたのですが、優秀《ゆうしゅう》すぎて皇帝《こうてい》が手放《てばな》してくれなかったのでした。

かがやく美《うつく》しい月《つき》を見上《みあ》げて、故郷《こきょう》に帰《かえ》る喜《よろこ》びを〈天《あま》の原《はら》〉と詠《よ》みます。唐《とう》の友人《ゆうじん》にも翻訳《ほんやく》して伝《つた》えると「素晴《すば》らしい！」と大喜《おおよろこ》び。

しかし、船《ふね》は強風《きょうふう》で壊《こわ》れ、今《いま》のベトナムに漂着《ひょうちゃく》してしまいます。なんとか唐《とう》の都《みやこ》である長安《ちょうあん》にもどりますが、仲麿《なかまろ》さんは日本《にほん》に帰《かえ》れないまま、75歳《さい》のときに唐《とう》で亡《な》くなります。

〈天《あま》の原《はら》〉の歌《うた》だけが、なぜか日本《にほん》に帰《かえ》ることができたのでした。

#旅《たび》 #月《つき》 #空《そら》 #三笠山《みかさやま》 #遣唐使《けんとうし》 #奈良《なら》 #春日大社《かすがたいしゃ》 #船旅《ふなたび》

〈月見《つきみ》れば〉の大江千里《おおえのちさと》は……

ピンチを乗《の》り切《き》るために漢詩《かんし》をパクる！

月見《つきみ》れば　ちぢにものこそ　悲《かな》しけれ
わが身《み》ひとつの　秋《あき》にはあらねど

大江千里《おおえのちさと》

歌《うた》の意味《いみ》

月《つき》を見《み》ると
いろいろなことが
悲《かな》しく思《おも》えて、
心《こころ》が千々《ちぢ》に乱《みだ》れます。
わたしひとりのための
秋《あき》ではないけれど。

DATA
- 歌番号《うたばんごう》：23首目《しゅめ》
- 本名《ほんみょう》：大江千里《おおえのちさと》
- 活躍《かつやく》した時代《じだい》：平安《へいあん》
- 出典《しゅってん》：『古今和歌集《こきんわかしゅう》』

〈ちはやぶる〉を詠《よ》んだ歌人《かじん》・在原業平《ありわらのなりひら》⑰について、こんな記録《きろく》がのこされています。

見《み》た目《め》は超《ちょう》イケメン。自由気《じゆうき》まま。漢詩《かんし》（中国《ちゅうごく》の詩《し》）はほとんどダメ。歌《うた》の才能《さいのう》はあり。

ほめているようで、さりげなくけなされていますが、なんだかとてもリアルな人物《じんぶつ》として浮《う》かんできます。

そんな漢詩《かんし》が苦手《にがて》な業平《なりひら》の、おいっ子《こ》である**大江千里《おおえのちさと》**。こちらは反対《はんたい》で、**漢詩《かんし》を作《つく》るのは大得意《だいとくい》！　だけど和歌《わか》を詠《よ》むのは不得意《ふとくい》……。**

あるとき歌合《うたあわせ》に出席《しゅっせき》するように命令《めいれい》

#白氏文集《はくしもんじゅう》　#在原業平《ありわらのなりひら》　#在原行平《ありわらのゆきひら》　#倒置法《とうちほう》　#つき

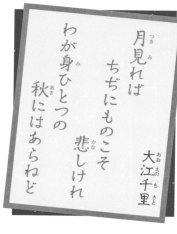

が。もちろん漢詩《かんし》ではなく、歌《うた》を詠《よ》まなければいけません。悩《なや》みに悩《なや》んで、いいことを思《おも》いつきました。

「そうだ！　**漢詩《かんし》をパクろう……じゃなかった、漢詩《かんし》を翻訳《ほんやく》して歌《うた》にしてしまおう！」**

有名《ゆうめい》な唐《とう》の詩人《しじん》・白居易《はくきょい》の「燕子《えんし》楼《ろう》」という詩《し》の〈秋《あき》は来《き》て、ただわたしひとりのために長《なが》い〉という部分《ぶぶん》を〈わたしひとりのための秋《あき》ではないけれど〉とアレンジ。さらに**〈千々《ちぢ》〉**と**〈ひとつ〉**という言葉《ことば》を並《なら》べて、テクニックも効《き》かせました。

そのあとも、**歌《うた》を詠《よ》む命令《めいれい》が来《く》ると、漢詩《かんし》を翻訳《ほんやく》して乗《の》り越《こ》える**という、給食《しょく》できらいなニンジンを「これは赤《あか》いポテト」とごまかしながら飲《の》みこんでいるような**千里《ちさと》**さんなのでした。

#秋《あき》　#月《つき》　#心《こころ》が乱《みだ》れる　#和歌《わか》は苦手《にがて》　#歌合《うたあわせ》　#漢学者《かんがくしゃ》　#白居易《はくきょい》

〈たれをかも〉の藤原興風《ふじわらのおきかぜ》は……
松《まつ》の木《き》が老後《ろうご》の唯一《ゆいいつ》の話《はな》し相手《あいて》!?

たれをかも
知《し》る人《ひと》にせむ《ん》
高砂《たかさご》の
松《まつ》も昔《むかし》の
友《とも》ならなくに

藤原興風《ふじわらのおきかぜ》

歌《うた》の意味《いみ》

いったい誰《だれ》を友《とも》だちにしたらいいのでしょうか。あの長生《ながい》きの高砂《たかさご》の松《まつ》の木《き》も、昔《むかし》からの友《とも》だちではないのになあ。

DATA

- 歌番号《うたばんごう》：34首目《しゅめ》
- 本名《ほんみょう》：藤原興風《ふじわらのおきかぜ》
- 活躍《かつやく》した時代《じだい》：平安《へいあん》
- 出典《しゅってん》：『古今和歌集《こきんわかしゅう》』

暗殺《あんさつ》されたり島流《しまなが》しされたりもせず、せっかく無事《ぶじ》に長生《ながい》きしているのに、**しょんぼりしているのは藤原興風《ふじわらのおきかぜ》。**

歌枕《うたまくら》（歌《うた》に昔《むかし》からよく詠《よ》まれた有名《ゆうめい》な場所《ばしょ》や地域《ちいき》）でもある兵庫県《ひょうごけん》・高砂《たかさご》は、伝説《でんせつ》の松《まつ》の木《き》が生《は》えている場所《ばしょ》として有名《ゆうめい》です。

そして松《まつ》の木《き》は冬《ふゆ》でも葉《は》っぱが緑色《みどりいろ》なので、不老長寿《ふろうちょうじゅ》のシンボルであり、数百年《すうひゃくねん》も生《い》きている木《き》もあるほど。

そんな高砂《たかさご》の松《まつ》の木《き》に向《む》かって**〈たれをかも〉**と語《かた》りかけるように歌《うた》を詠《よ》む**興風《おきかぜ》**さん。

「いっしょに楽器《がっき》を演奏《えんそう》したり、歌合《うたあわせ》

#紀貫之《きのつらゆき》　#凡河内躬恒《おおしこうちのみつね》　#三十六歌仙《さんじゅうろっかせん》　#倒置法《とうちほう》　#たれ

や歌会《うたかい》をしたり、楽《たの》しくにぎやかに過《す》ごした友人《ゆうじん》たちはみんな死《し》んでしまった。わたしだけが生《い》きのこってひとりぼっち。さびしいなあ。
新《あたら》しい友《とも》だちをつくっても、やはり長《なが》い時間《じかん》を過《す》ごした友《とも》にはかなわない。同《おな》じくらい長生《ながい》きしているのは、高砂《たかさご》の松《まつ》の木《き》くん、君《きみ》くらいなものだよ……。

いやいや、君《きみ》は昔《むかし》からの知《し》り合《あ》いでも、気《き》のゆるせる友《とも》だちでもないし！　そもそも木《き》だし！」

ひとりでボケて、ひとりでツッコミを入《い》れている様子《ようす》が、なおさらさびしく感《かん》じられます。
若《わか》いときに友人《ゆうじん》が多《おお》かったからこそ、ひとりぼっちの今《いま》が、なおさらつらいようですね。

#雑《ぞう》　#高砂《たかさご》の松《まつ》　#ひとりぼっち　#兵庫県高砂市《ひょうごけんたかさごし》　#琴《こと》の名手《めいしゅ》

コラム
column

おしえて！定家《てい　か》さん

①百人一首《ひゃくにんいっしゅ》について

藤原定家《ふじわらのていか》さん、百人一首《ひゃくにんいっしゅ》について教《おし》えてください！
まずはじめに**「短歌《たんか》」ってなんですか**？

五《ご》・七《しち》・五《ご》・七《しち》・七《しち》音《おん》のリズムでできた、詩《し》のことだよ。
ひさかたの（**五《ご》**）ひかりのどけき（**七《しち》**）はるのひに（**五《ご》**）
しづ《ず》ごころなく（**七《しち》**）はなのちるらむ《ん》（**七《しち》**）
余《あま》ったり足《た》りなかったりするものもあるけれど、
基本的《きほんてき》に合計三十一音《ごうけいさんじゅういちおん》でできているよ。
中国《ちゅうごく》の詩《し》である「漢詩《かんし》」に対《たい》して「和歌《わか》」ともいうんだ。
五《ご》・七《しち》・五《ご》を**「上《かみ》の句《く》」**、**七《しち》・七《しち》**を**「下《しも》の句《く》」**と呼び、
一首《いっしゅ》・二首《にしゅ》と数《かぞ》えるよ。

俳句《はいく》みたいに、**季節《きせつ》を表《あらわ》す言葉《ことば》「季語《きご》」は必要《ひつよう》なの**？

短歌《たんか》には季語《きご》はいらないよ。
季語《きご》ではないけれど、**百人一首《ひゃくにんいっしゅ》は「部立《ぶだ》て」といって、**
「春《はる》・夏《なつ》・秋《あき》・冬《ふゆ》」と「恋《こい》」「旅《たび》」「雑《ぞう》（その他《た》）」など
テーマで分類《ぶんるい》されている。
百人一首《ひゃくにんいっしゅ》にいちばん多《おお》いテーマは「恋《こい》」で四十三首《よんじゅうさんしゅ》もある。
季節《きせつ》では「秋《あき》」が十六首《じゅうろくしゅ》でいちばん多《おお》いよ。

撰《えら》ばれている歌《うた》は、みんな**いい歌《うた》や有名《ゆうめい》な歌《うた》なの**？

そんなことはないよ。**歌人《かじん》として有名《ゆうめい》ではないけれど、歴史上《れきしじょう》の人物《じんぶつ》として有名《ゆうめい》な人《ひと》の歌《うた》も多《おお》く入《はい》っている。**
歌人《かじん》として活躍《かつやく》している人《ひと》の歌《うた》でも、その人《ひと》の代表歌《だいひょうか》というよりも、「人生《じんせい》を表《あらわ》している歌《うた》」が撰《えら》ばれている、とよくいわれるね。
「流行《りゅうこう》した歌《うた》を集《あつ》めたベストソング集《しゅう》」というより「定家《ていか》こだわりの個人的《こじんてき》な名作撰《めいさくせん》」という感《かん》じかな。

—2章《しょう》—

家《か》族《ぞく》で
しょんぼり

〈春《はる》すぎて〉の持統天皇《じとうてんのう》は……

夫《おっと》と弟《おとうと》がバトル！ つなぎで天皇《てんのう》になる！

春《はる》すぎて 夏《なつ》来《き》にけらし 白《しろ》たへ《え》の
衣《ころも》はすてふ《ちょう》 天《あま》の香具山《かぐやま》

持統天皇《じとうてんのう》

歌《うた》の意味《いみ》

春《はる》が過《す》ぎて、
いつの間《ま》にか
夏《なつ》が来《き》たようね。
夏《なつ》になると
白《しろ》い衣《ころも》を干《ほ》すという
天《あま》の香具山《かぐやま》よ。

DATA

- 歌番号《うたばんごう》：2首目《しゅめ》
- 本名《ほんみょう》：持統天皇《じとうてんのう》（鸕野讃良《うののさらら》）
- 活躍《かつやく》した時代《じだい》：飛鳥《あすか》
- 出典《しゅってん》：『新古今和歌集《しんこきんわかしゅう》』

夏《なつ》のはじまり！ 空《そら》は青《あお》く、木々《きぎ》の緑《みどり》はつやつやとフレッシュ！

〈春《はる》すぎて〉も、夏《なつ》が来《き》たうれしさと、新緑《しんりょく》のなかでかがやくような白《しろ》い衣《ころも》のイメージが合《あ》わさって、なんともさわやか！

そんな歌《うた》を詠《よ》んだ、女性《じょせい》の天皇《てんのう》である**持統天皇《じとうてんのう》**。自然《しぜん》のなかでほほえんでいるおだやかな人《ひと》を想像《そうぞう》しますが……。

持統天皇《じとうてんのう》は**讃良皇女《さらのひめみこ》**と呼《よ》ばれていた14歳《さい》のときに、姉《あね》といっしょに父《ちち》・天《てん》智天皇《じてんのう》❶の弟《おとうと》と結婚《けっこん》します（皇族《こうぞく》の血《ち》を濃《こ》くするため。今《いま》の法律《ほうりつ》では禁止《きんし》）。

父《ちち》・天智天皇《てんじてんのう》が亡《な》くなったあと、誰《だれ》

#天武天皇《てんむてんのう》 #天上《てんじょう》の虹《にじ》 #枕詞《まくらことば》 #第《だい》41代天皇《だいてんのう》 #はるす

が次《つぎ》の天皇《てんのう》になるか、讃良皇女《さらのひめみこ》の夫《おっと》と弟《おとうと》の間《あいだ》でバトルが勃発《ぼっぱつ》！

戦《たたか》いは夫側《おっとがわ》が勝利《しょうり》し、天武天皇《てんむてんのう》となりました。天武天皇《てんむてんのう》の仕事《しごと》をしっかりサポートする**讃良皇女《さらのひめみこ》**。天武天皇《てんむてんのう》が亡《な》くなったあと、次《つぎ》は息子《むすこ》・草壁皇子《くさかべのみこ》を天皇《てんのう》にしようと、ライバルだった姉《あね》の子《こ》を処分《しょぶん》（息子《むすこ》より賢《かしこ》く人気者《にんきもの》で邪魔《じゃま》だったため、ワナにかけて処刑《しょけい》……）。

しかし**草壁皇子《くさかべのみこ》は、天皇《てんのう》になる準備《じゅんび》を整《ととの》えている間《あいだ》に、病死《びょうし》します。**

草壁皇子《くさかべのみこ》ののこした子《こ》が育《そだ》つまでの間《あいだ》、**讃良皇女《さらのひめみこ》**は自《みずか》らが**持統天皇《じとうてんのう》**となり、新《あたら》しい都《みやこ》・藤原京《ふじわらきょう》を作《つく》り、法律《ほうりつ》を整《ととの》えるなど立派《りっぱ》に政治《せいじ》を取《と》り仕切《しき》ります。やっと孫《まご》が文武天皇《もんむてんのう》になり、晴《は》れ晴《ば》れとした気持《きも》ちのなか〈**春《はる》すぎて**〉が生《う》まれたのでした。

#夏《なつ》　#藤原京《ふじわらきょう》　#香具山《かぐやま》　#大和三山《やまとさんざん》　#遷都《せんと》　#律令制《りつりょうせい》の整備《せいび》

〈きみがため・は〉の光孝天皇《こうこうてんのう》は……

大家族《だいかぞく》のパパがある日突然《ひとつぜん》天皇《てんのう》に!?

きみがため　春《はる》の野《の》にいでて　若菜《わかな》つむ　わが衣手《ころもで》に　雪《ゆき》は降《ふ》りつつ

光孝天皇《こうこうてんのう》

歌《うた》の意味《いみ》

きみのために、早春《そうしゅん》の野原《のはら》で若菜《わかな》をつんでいるわたしの衣《ころも》の袖《そで》に、雪《ゆき》が降《ふ》り続《つづ》いていますよ。

DATA
- 歌番号《うたばんごう》：15首目《しゅめ》
- 本名《ほんみょう》：光孝天皇《こうこうてんのう》
- 活躍《かつやく》した時代《じだい》：平安《へいあん》
- 出典《しゅってん》：『古今和歌集《こきんわかしゅう》』

一月七日《いちがつなのか》といえば「七草《ななくさ》がゆ」を食《た》べる日《ひ》。とれる野菜《やさい》の少《すく》ない冬《ふゆ》が過《す》ぎ、早春《そうしゅん》になってやっと生《は》えてきた若菜《わかな》を食《た》べることは、健康長寿《けんこうちょうじゅ》にもつながると昔《むかし》から考《かんが》えられてきました。

光孝天皇《こうこうてんのう》が**〈きみがため〉**を詠《よ》んだのは、まだ天皇《てんのう》になる前《まえ》のことでした。雪《ゆき》のなか若菜《わかな》を自分《じぶん》でつみ、大事《だいじ》な人《ひと》にプレゼントするような、つつましいていねいな暮《く》らしをしていたのに、ある日突然《ひとつぜん》天皇《てんのう》の位《くらい》につくことに！　それにはこんな事情《じじょう》があったのです……。

やんちゃすぎて天皇《てんのう》をやめさせられた陽成院《ようぜいいん》⑬。次《つぎ》の天皇《てんのう》はいったい誰《だれ》に

#陽成院《ようぜいいん》　#宇多天皇《うだてんのう》　#第《だい》58代天皇《だいてんのう》　#きみがため・は

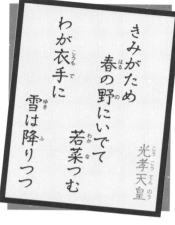

しようかと悩《なや》んでいる摂政《せっしょう》・藤原基経《ふじわらのもとつね》のもとへ「次《つぎ》は自分《じぶん》が！」とアピールしてくる人《ひと》が集《あつ》まります。

陽成院《ようぜいいん》ですっかりくたびれていた基《もと》経《つね》は「そうだ！ 母親《ははおや》の身分《みぶん》が低《ひく》いので候補《こうほ》にもならなかったが、幼《おさな》いときからおとなしく、気《き》づかいもできる人《じん》物《ぶつ》がいたぞ！」と思《おも》い出《だ》し屋敷《やしき》に行《い》くと、破《やぶ》れた御簾《みす》の向《む》こうでぼろぼろのタタミにじっと座《すわ》っていたのが、のちの光孝天皇《こうこうてんのう》となるその人《ひと》でした。

記録《きろく》にのこる**光孝天皇《こうこうてんのう》**の息子《むすこ》は19人《にん》、娘《むすめ》は26人《にん》（そのうちのひとりが陽成院《ようぜいいん》と結婚《けっこん》）。多《おお》くの子《こ》どもたちに囲《かこ》まれて、貧《まず》しいながらも本《ほん》を読《よ》みのんびり暮《く》らしていたのに、55歳《さい》で天皇《てんのう》になるなんて、光孝天皇本人《こうこうてんのうほんにん》がいちばんおどろいていたのかもしれません。

#春《はる》 #雪《ゆき》 #春《はる》の七草《ななくさ》 #おかゆ #年中行事《ねんちゅうぎょうじ》 #健康祈願《けんこうきがん》 #時康親王《ときやすしんのう》

〈立《た》ち別《わか》れ〉の中納言行平《ちゅうなごんゆきひら》は……妻《つま》や友《とも》だちと離《はな》れて旅立《たびだ》つ!

立《た》ち別《わか》れ
いなばの山《やま》の
みねに生《お》ふる
まつとし聞《き》かば
今《いま》帰《かえ》り来《こ》む

中納言行平《ちゅうなごんゆきひら》

今《いま》も昔《むかし》も、引《ひ》っ越《こ》しは胸《むね》がドキドキして、ちょっと不安《ふあん》になるもの。

仕事《しごと》で京《きょう》の都《みやこ》から因幡《いなば》の国《くに》（今《いま》の鳥取《とっとり》県《けん》）に行《い》くことになり、**在原行平**《ありわらのゆきひら》のお別《わか》れパーティが開《ひら》かれました。**〈妻《つま》や友《とも》だちと離《はな》れるのはさびしい。もしかしたら、もう二度《にど》と会《あ》えないかも……いや、呼《よ》ばれたら帰《かえ》ってくるから、忘《わす》れないで!〉と思《おも》いをこめて〈立《た》ち別《わか》れ〉を詠《よ》みました。**

行平《ゆきひら》さんは恋多《こいおお》きイケメン歌人《かじん》・在原業平《ありわらのなりひら》⑰のお兄《にい》さん。百人一首《ひゃくにんいっしゅ》で唯一兄弟《ゆいいつきょうだい》そろって撰《えら》ばれています。トラブルメーカーの弟《おとうと》とは反対《はんたい》にまじめに働《はたら》き、教育《きょういく》の場《ば》を作《つく》るなど立派《りっぱ》な仕事《しごと》をしました。

歌《うた》の意味《いみ》

これから別《わか》れて因幡《いなば》へ行《い》くけれど、因幡山《いなばのやま》の峰《みね》に生《は》える「松《まつ》」のように、みんながわたしを「待《ま》つ」と聞《き》いたらすぐに帰《かえ》ろう。

DATA
- 歌番号《うたばんごう》：16首目《しゅめ》
- 本名《ほんみょう》：在原行平《ありわらのゆきひら》
- 活躍《かつやく》した時代《じだい》：平安《へいあん》
- 出典《しゅってん》：『古今和歌集《こきんわかしゅう》』

#離別《りべつ》 #お別《わか》れパーティ #因幡《いなば》の国《くに》 #松《まつ》 #須磨《すま》 #在原業平《ありわらのなりひら》 #掛詞《かけことば》 #たち

〈あしびきの〉の柿本人麻呂《かきのもとのひとまろ》は……

妻《つま》と離《はな》れてひとりぼっち！

あしびきの
山鳥《やまどり》の尾《お》の
しだり尾《お》の
ながながし夜《よ》を
ひとりかも寝《ね》む

柿本人麻呂《かきのもとのひとまろ》

歌《うた》の意味《いみ》

山鳥《やまどり》の長《なが》く
たれ下《さ》がった
しっぽのように、
長《なが》い長《なが》い秋《あき》の夜《よる》を
ぼくは
ひとりぼっちで
寝《ね》るのだろうか……。

DATA

- 歌番号《うたばんごう》：3首目《しゅめ》
- 本名《ほんみょう》：柿本人麻呂《かきのもとのひとまろ》
- 活躍《かつやく》した時代《じだい》：飛鳥《あすか》～奈良《なら》
- 出典《しゅってん》：『拾遺和歌集《しゅういわかしゅう》』

こちらも仕事《しごと》で家《いえ》を離《はな》れている**柿本人麻呂《かきのもとのひとまろ》**。**愛《あい》する妻《つま》と離《はな》れて寝《ね》る夜《よる》が、長《なが》くて長《なが》くてさびしい気持《きも》ちを〈あしびきの〉と詠《よ》み**ました。

キジ科《か》のヤマドリのオスのしっぽは、長《なが》いもので1メートルを超《こ》えるほど（なので「長《なが》い」という言葉《ことば》をみちびく「序詞《じょことば》」に使《つか》われている）にもなります。

夜《よる》になると、**つがいのオスとメスが、山《やま》をひとつ離《はな》れて別々《べつべつ》にねむる**と言《い》い伝《つた》えられてきました。なぜそんなざんねんな生《い》きかたをしているのかはわかりません。

愛妻家《あいさいか》の**人麻呂《ひとまろ》**さんは、妻《つま》を恋《こい》しく思《おも》う歌《うた》をたくさん詠《よ》んでいます。

#恋《こい》 #ひとりぼっち #宮廷歌人《きゅうていかじん》 #歌聖《かせい》 #三十六歌仙《さんじゅうろっかせん》 #枕詞《まくらことば》 #序詞《じょことば》 #あし

〈今《いま》来《こ》む《ん》と〉の素性法師《そせいほうし》は……

父《ちち》に無理《むり》やり出家《しゅっけ》させられる！

今《いま》来《こ》む《ん》と
いひ《い》しばかりに
長月《ながつき》の
ありあけの月《つき》を
待《ま》ちいでつるかな

素性法師《そせいほうし》

歌《うた》の意味《いみ》

すぐに行《い》くよと、
あなたが言《い》ったばかりに、
九月《くがつ》の長《なが》い夜《よる》、
明《あ》け方《がた》の月《つき》が
出《で》てしまうまで
待《ま》っていましたよ。

DATA
- 歌番号《うたばんごう》：21首目《しゅめ》
- 本名《ほんみょう》：良岑玄利《よしみねのはるとし》
- 活躍《かつやく》した時代《じだい》：平安《へいあん》
- 出典《しゅってん》：『古今和歌集《こきんわかしゅう》』

平安時代《へいあんじだい》の貴族《きぞく》たちは、デートはいつもお屋敷《やしき》で、と決《き》まっています。現代《げんだい》のように、カップルで行楽《こうらく》スポットに行《い》ったり、夜景《やけい》のきれいなレストランで食事《しょくじ》するなんてことはありません。夜《よる》、男性《だんせい》が女性《じょせい》の家《いえ》に行《い》きます。なので女性《じょせい》はいつも「待《ま》つ」ことになります。男性《だんせい》の〈今夜《こんや》、会《あ》おう〉という歌《うた》を受《う》け取《と》ったら、女性《じょせい》はおしゃれをして「早《はや》く来《こ》ないかな」と待《ま》ちます。

約束《やくそく》を守《まも》らなかったり、夜中過《よなかす》ぎまで来《き》てくれなかったり……ひたすら待《ま》ちます。そんなわけで百人一首《ひゃくにんいっしゅ》には「待《ま》つ」女性《じょせい》の歌《うた》がたくさんあるのです。

#屏風歌《びょうぶうた》　#書《しょ》の名人《めいじん》　#三十六歌仙《さんじゅうろっかせん》　#ぼうず　#いまこ

〈来《く》るっていうから待《ま》っていたのに、もう朝《あさ》だよ！　ぷんぷん！〉とすねている**〈今来《いまこ》むと〉**ですが、あれ？　**素性法師《そせいほうし》**は男性《だんせい》なのに？

そう、**この歌《うた》は素性法師《そせいほうし》が「女性《じょせい》のつもりで詠《よ》んでみた」**一首《いっしゅ》なのです。現代《げんだい》では女性《じょせい》アイドルが男子《だんし》の恋心《こいごころ》を歌《うた》うことがありますが、その逆《ぎゃく》バージョンですね。

素性法師《そせいほうし》は、幼《おさな》いときに父《ちち》が出家《しゅっけ》してしまい、やっと久《ひさ》しぶりに会《あ》えたと思《おも》ったら**「法師《ほうし》（僧侶《そうりょ》）の子《こ》どもは法《ほう》師《し》になるのだ」**と、**その場《ば》で無理《むり》やり出家《しゅっけ》して僧侶《そうりょ》にさせられてしまいます。**

いくら父《ちち》とはいえ、強引《ごういん》すぎる！

のちに歌人《かじん》として大活躍《だいかつやく》し、在原業《ありわらのなり》平《ひら》ともいっしょに歌《うた》を詠《よ》み、ひらきなおって楽《たの》しく暮《く》らしたようです。

#恋《こい》　#月《つき》　#有明《ありあけ》の月《つき》　#待《ま》つ　#僧正遍照《そうじょうへんじょう》　#強制出家《きょうせいしゅっけ》　#在原業平《ありわらのなりひら》

〈大江山《おおえやま》〉の小式部内侍《こしきぶのないし》は……

母《はは》が有名《ゆうめい》すぎて、イヤミを言《い》われる！

大江山《おおえやま》
いく野《の》の道《みち》の
遠《とお》ければ
まだふみもみず
天《あま》の橋立《はしだて》

小式部内侍《こしきぶのないし》

歌《うた》の意味《いみ》

大江山《おおえやま》を越《こ》えて
生野《いくの》へ行《い》く道《みち》は遠《とお》いので、
母《はは》のいる天橋立《あまのはしだて》の地《ち》を
ふんだことも
ありませんし、
母《はは》からの文《ふみ》も
見《み》ていません。

DATA
- 歌番号《うたばんごう》：60首目《しゅめ》
- 名前《なまえ》：小式部内侍《こしきぶのないし》
- 活躍《かつやく》した時代《じだい》：平安《へいあん》
- 出典《しゅってん》：『金葉和歌集《きんようわかしゅう》』

素性法師《そせいほうし》がお父《とう》さんに迷惑《めいわく》をかけられたナンバーワンなら、**お母《かあ》さんに迷《めい》惑《わく》をかけられたナンバーワンは小式部《こしきぶ》内《ない》侍《し》**。

母《はは》・和泉式部《いずみしきぶ》56の、今《いま》なら芸能《げいのう》ニュースに取《と》りあげられて、大《おお》さわぎになりそうな恋《こい》の話《はなし》はまたのちほど。

有名《ゆうめい》な歌人《かじん》の娘《むすめ》であり、母《はは》と同《おな》じ職《しょく》場《ば》で働《はたら》く**小式部内侍《こしきぶのないし》**さん。人気《にんき》歌手《かしゅ》の娘《むすめ》が歌手《かしゅ》に、大女優《だいじょゆう》の娘《むすめ》が女優《じょゆう》になるようなイメージです（呼《よ》び名《な》も「和泉《いずみ》式部《しきぶ》」の子《こ》なので、小《ちい》さい式部《しきぶ》で「**小《こ》式部《しきぶ》**」さんに）。

あるとき**小式部内侍《こしきぶのないし》**さんが歌合《うたあわせ》の準《じゅん》

#中宮彰子《ちゅうぐうしょうし》 #藤原定頼《ふじわらのさだより》 #掛詞《かけことば》 #縁語《えんご》 #倒置法《とうちほう》 #おほえ

備《び》をしていると「お母《かあ》さんからの手紙《てがみ》は届《とど》きましたか？」とにやにやしている男性《だんせい》が。「いつもお母《かあ》さんに代《か》わりに歌《うた》を詠《よ》んでもらっているのでしょう？ 今《いま》は遠《とお》くにいるらしいけど、歌《うた》はもう届《とど》いたの？」というイヤミです。

がんばった夏休《なつやす》みの自由研究《じゆうけんきゅう》、いいのができた！ とにこにこしていたら、クラスの子《こ》に「どうせお母《かあ》さんが作《つく》ったんだろ？」って言《い》われたような、くやしい気持《きも》ちです。

小式部内侍《こしきぶのないし》さん、すぐにぴしゃりと〈母《はは》のいる土地《とち》もふんだことはありませんし、母《はは》からの手紙《てがみ》も見《み》ていません！〉と、テクニックの効《き》いた**〈大江《おおえ》山《やま》〉**をたたきつけます。目《め》の前《まえ》で歌《うた》を返《かえ》すことで、自分《じぶん》で詠《よ》んでいる証明《しょうめい》をすることができました。

#雑《ぞう》 #即詠《そくえい》 #天《あま》の橋立《はしだて》 #日本三景《にほんさんけい》 #イヤミ #女房《にょうぼう》 #和泉式部《いずみしきぶ》

〈きみがため・お〉の藤原《ふじわらの》義孝《よしたか》は……

流行《はや》り病《やまい》にかかり、兄《あに》と同《おな》じ日《ひ》に亡《な》くなる！

きみがため
惜《お》しからざりし
命《いのち》さへ《え》
ながくもがなと
思《おも》ひ《い》けるかな

藤原義孝《ふじわらのよしたか》

歌《うた》の意味《いみ》

あなたと
お会《あ》いした今《いま》では、
惜《お》しいと思《おも》わなかった
命《いのち》でさえ、
長《なが》くあってほしいと
思《おも》うように
なったのですよ。

DATA
- **歌番号《うたばんごう》**：50首目《しゅめ》
- **本名《ほんみょう》**：藤原義孝《ふじわらのよしたか》
- **活躍《かつやく》した時代《じだい》**：平安《へいあん》
- **出典《しゅってん》**：『後拾遺和歌集《ごしゅういわかしゅう》』

平安《へいあん》のイケメンといえば在原業平《ありわらのなりひら》ですが、**藤原義孝《ふじわらのよしたか》**も「未来《みらい》にもこれほどの人《ひと》は現《あらわ》れないだろう」と絶賛《ぜっさん》される美《うつく》しさでした。

仏教《ぶっきょう》を深《ふか》く信《しん》じ、まじめすぎるほどの性格《せいかく》で、**宴会《えんかい》で「フナの身《み》をフナの卵《たまご》で和《あ》えた」料理《りょうり》を見《み》て、「親《おや》の身《み》を子《こ》で和《あ》えたものを食《た》べるなんて！」と涙《なみだ》ぐみながら立《た》ち去《さ》った**ほど（親子丼《おやこどん》やサーモンいくら丼《どん》にも泣《な》いちゃいそう）。

やはり美男《びなん》の兄《あに》がいましたが、**義孝《よしたか》**さんと**同《おな》じ流行《はや》り病《やまい》にかかり、同《おな》じ日《ひ》の朝《あさ》に兄《あに》が、夕方《ゆうがた》に義孝《よしたか》さんが亡《な》くなりました。〈ながくもがな〉**と願《ねが》った命《いのち》は、21歳《さい》で失《うしな》われたのでした。

#恋《こい》　#後朝《きぬぎぬ》の歌《うた》　#謙徳公《けんとくこう》　#藤原行成《ふじわらのゆきなり》　#中古三十六歌仙《ちゅうこさんじゅうろっかせん》　#きみがため・お

〈明《あ》けぬれば〉の藤原道信朝臣《ふじわらのみちのぶあそん》は……

流行《はや》り病《やまい》にかかり、妻《つま》をのこして亡《な》くなる！

明《あ》けぬれば
暮《く》るるものとは 知《し》りながら
なほうらめしき 朝《あさ》ぼらけかな

藤原道信朝臣《ふじわらのみちのぶあそん》

歌《うた》の意味《いみ》

夜《よ》が明《あ》ければ、
また日暮《ひぐ》れが来《き》て
会《あ》えると知《し》っている
けれど、
それでもうらめしい。
別《わか》れなければならない
夜明《よあ》けだよ。

DATA
- 歌番号《うたばんごう》：52首目《しゅめ》
- 本名《ほんみょう》：藤原道信《ふじわらのみちのぶ》
- 活躍《かつやく》した時代《じだい》：平安《へいあん》
- 出典《しゅってん》：『後拾遺和歌集《ごしゅういわかしゅう》』

義孝兄弟《よしたかきょうだい》と同《おな》じように流行《はや》り病《やまい》にかかり、妻《つま》をのこして亡《な》くなってしまった**藤原道信《ふじわらのみちのぶ》**。こちらも若《わか》すぎる23歳《さい》でした。

細菌《さいきん》やウイルスの知識《ちしき》もなく、ワクチンもない平安時代《へいあんじだい》。病気《びょうき》が流行《はや》ったら、呪《のろ》いを解《と》くためにお祈《いの》りしたり、モノノケ退治《たいじ》をしたり、お祭《まつ》りで怨霊《おんりょう》を鎮《しず》めたり、お寺《てら》を建《た》てたりしましたが、効果《こうか》は大変薄《たいへんうす》く、みんなばたばたと病《やまい》に倒《たお》れてゆきました。

雪《ゆき》の日《ひ》の朝《あさ》、さっきまで会《あ》っていた恋人《こいびと》に**〈明《あ》けぬれば〉**と、すぐにでも会《あ》いたい思《おも》いを歌《うた》にした**道信《みちのぶ》**さん。

不安《ふあん》な世《よ》の中《なか》だからこそ、ずっとそばにいたいと思《おも》ったのかもしれません。

SYONBORI HYAKUNIN ISSHU

#恋《こい》 #あさぼらけ #雪《ゆき》の日《ひ》 #後朝《きぬぎぬ》の歌《うた》 #謙徳公《けんとくこう》 #中古三十六歌仙《ちゅうこさんじゅうろっかせん》 #あけ

〈今《いま》はただ〉の左京大夫道雅《さきょうのだいぶみちまさ》は……

父親《ちちおや》が失脚《しっきゃく》し、恋《こい》も引《ひ》きさかれる！

今《いま》はただ
思《おも》ひ《い》絶《た》えなむ《ん》
とばかりを
人《ひと》づてならで
いふ《う》よしもがな

左京大夫道雅《さきょうのだいぶみちまさ》

歌《うた》の意味《いみ》

今《いま》はただ、あなたへの思《おも》いをあきらめてしまおうとだけでも、人《ひと》を通《とお》してではなく、直接《ちょくせつ》伝《つた》える方法《ほうほう》があったらいいのに。

DATA

- 歌番号《うたばんごう》：63首目《しゅめ》
- 本名《ほんみょう》：藤原道雅《ふじわらのみちまさ》
- 活躍《かつやく》した時代《じだい》：平安《へいあん》
- 出典《しゅってん》：『後拾遺和歌集《ごしゅういわかしゅう》』

もう会《あ》えないのはわかっている。せめて別《わか》れの言葉《ことば》だけでも、直接会《ちょくせつあ》って伝《つた》えたかった。〈今《いま》はただ〉は切《せつ》ない失恋《しつれん》ソングです。

藤原道雅《ふじわらのみちまさ》がさよならを言《い》えなかった相手《あいて》は「恋《こい》をしてはいけない女性《じょせい》」でした。名前《なまえ》は当子内親王《とうしないしんのう》。お父《とう》さんは三条院《さんじょういん》68です。

うらないで選《えら》ばれた当子《とうし》は「斎宮《さいぐう》」になりました。都《みやこ》にいる天皇《てんのう》の代《か》わりに伊勢神宮《いせじんぐう》へ行《い》き、神様《かみさま》にお仕《つか》えする役目《やくめ》です。

もともと天皇《てんのう》の娘《むすめ》たちは、よほど身《み》分《ぶん》の高《たか》い人《ひと》とでなければ結婚《けっこん》を許《ゆる》され

#当子内親王《とうしないしんのう》 #三条院《さんじょういん》 #中古三十六歌仙《ちゅうこさんじゅうろっかせん》 #いまは

ません。さらに神様《かみさま》に一度《いちど》仕《つか》えた身《み》なので、恋愛《れんあい》も結婚《けっこん》もほとんど認《みと》められません。さらにさらに父《ちち》・三条院《さんじょういん》は当《とう》子《し》をとても大切《たいせつ》にしていました。

伊勢《いせ》に旅立《たびだ》つ前《まえ》に、斎宮《さいぐう》になる女性《じょせい》の髪《かみ》に天皇《てんのう》がくしを挿《さ》す儀式《ぎしき》がありました。そのあとおたがいに一度《いちど》も振《ふ》り向《む》かずに出発《しゅっぱつ》しなければいけないのに、父《ちち》・三条院《さんじょういん》は振《ふ》り向《む》いてしまいました。愛《いと》おしい娘《むすめ》の顔《かお》をもう一度《いちど》見《み》たくて。

道雅《みちまさ》さんも藤原家《ふじわらけ》トップのおじいちゃんにかわいがられていましたが、父《ちち》・伊周《これちか》が藤原道長《ふじわらのみちなが》との権力争《けんりょくあらそ》いに負《ま》け、**道雅《みちまさ》さんは出世《しゅっせ》の可能性《かのうせい》がなく**なったため、やさぐれてしまいました。

落《お》ちぶれた道雅《みちまさ》さんとかわいい当子《とうし》が恋《こい》に落《お》ちたので、三条院《さんじょういん》は大激怒《だいげきど》！ふたりの仲《なか》を引《ひ》きさいたのでした。

#恋《こい》　#文《ふみ》　#失恋《しつれん》　#恋愛禁止《れんあいきんし》　#荒三位《あらさんみ》　#儀同三司母《ぎどうさんしのはは》　#藤原道隆《ふじわらのみちたか》

〈心《こころ》にも〉の三条院《さんじょういん》は……

家庭《かてい》も仕事《しごと》も健康《けんこう》も、ふんだりけったり！

心《こころ》にも
あらでうき世《よ》に
ながらへ《え》ば
恋《こい》しかるべき
夜半《よわ》の月《つき》かな

三条院《さんじょういん》

歌《うた》の意味《いみ》

自分《じぶん》の心《こころ》に反《はん》して
このつらい世《よ》の中《なか》に
生《い》きながらえたならば、
きっと恋《こい》しく
思《おも》い出《だ》すであろう、
今宵《こよい》の美《うつく》しい月《つき》を。

DATA

- 歌番号《うたばんごう》：68首目《しゅめ》
- 本名《ほんみょう》：三条天皇《さんじょうてんのう》
- 活躍《かつやく》した時代《じだい》：平安《へいあん》
- 出典《しゅってん》：『後拾遺和歌集《ごしゅういわかしゅう》』

かわいい娘《むすめ》に悪《わる》い虫《むし》（左京大夫道雅《さきょうのだいぶみちまさ》63）がついて大《だい》ダメージを負《お》った三条院《さんじょういん》。

悲劇《ひげき》はそれだけではありません。

①5歳年下《さいとしした》の一条天皇《いちじょうてんのう》の東宮《とうぐう》（次代《じだい》の天皇《てんのう》になる皇子《おうじ》）として、天皇《てんのう》になるまで26年《ねん》も待《ま》たされる。

②視力《しりょく》が弱《よわ》まっていたところ、あやしい薬《くすり》を飲《の》まされて、もっと悪《わる》くなる。

③怨霊《おんりょう》をはらうために、冬《ふゆ》なのに約《やく》一《いっ》か月《げつ》氷水《こおりみず》をあびるよう医師《いし》にアドバイスされて実行《じっこう》する（しかも怨霊《おんりょう》は去《さ》らず病《やまい》も治《なお》らず）。

#当子《とうし》 #藤原娍子《ふじわらのせいし》 #栄花物語《えいがものがたり》 #第《だい》67代天皇《だいてんのう》 #こころに

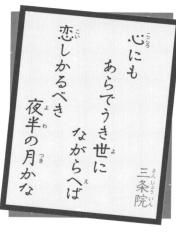

④内裏《だいり》（天皇《てんのう》の住《す》まい）が火事《かじ》で燃《も》えてしまう。やっと建《た》て直《なお》したら、わずか二《に》か月《げつ》でまた燃《も》える。
⑤天皇《てんのう》になってからも「かわいい孫《まご》を天皇《てんのう》にしたいから、早《はや》く辞《や》めて」と藤原道長《ふじわらのみちなが》にプレッシャーをかけられ続《つづ》ける。

〈心《こころ》にも〉は、ついに天皇《てんのう》を退《しりぞ》くことになったときに詠《よ》んだ一首《いっしゅ》。**このつらい世《よ》の中《なか》に、もし意思《いし》に反《はん》して長生《ながい》きしてしまったら……と歌《うた》う三条院《さんじょういん》の「つらい」がつらすぎます。**

三条院《さんじょういん》に恋人《こいびと》との仲《なか》を引《ひ》きさかれた娘《むすめ》・当子《とうし》は、美《うつく》しい髪《かみ》を切《き》って出家《しゅっけ》。**三条院《さんじょういん》**も道長《みちなが》の孫《まご》に天皇《てんのう》の位《くらい》をゆずったあと、出家《しゅっけ》しすぐに亡《な》くなります。

五年間《ごねんかん》の天皇《てんのう》としての日々《ひび》は、嵐《あらし》のように過《す》ぎ去《さ》ったのでした。

#雑《ぞう》　#月《つき》　#つらい　#眼病《がんびょう》　#炎上《えんじょう》　#藤原道長《ふじわらのみちなが》　#一条天皇《いちじょうてんのう》

〈きりぎりす〉の後京極摂政前太政大臣《ごきょうごくせっしょうさきのだいじょうだいじん》は……
妻《つま》を亡《な》くしてひとりぼっち！

きりぎりす
鳴《な》くや霜夜《しもよ》の
さむしろに
衣《ころも》かたしき
ひとりかも寝《ね》む

後京極摂政前太政大臣《ごきょうごくせっしょうさきのだいじょうだいじん》

歌《うた》の意味《いみ》

コオロギが鳴《な》いている
霜《しも》の降《お》りた寒《さむ》い夜《よる》に、
敷物《しきもの》の上《うえ》に
片袖《かたそで》だけを敷《し》いて、
わたしはひとり
さびしく
寝《ね》るのだろうか。

DATA

- **歌番号《うたばんごう》**：91首目《しゅめ》
- **本名《ほんみょう》**：藤原《ふじわらの》（九条《くじょう》）良経《よしつね》
- **活躍《かつやく》した時代《じだい》**：平安《へいあん》～鎌倉《かまくら》
- **出典《しゅってん》**：『新古今和歌集《しんこきんわかしゅう》』

あれ？　どこかで聞《き》いたフレーズ？　そう、柿本人麻呂《かきのもとのひとまろ》❸と同《おな》じ**〈ひとりかも寝《ね》む〉**。偶然《ぐうぜん》ではなく「本歌取《ほんかど》り」といって、昔《むかし》の歌《うた》の一部《いちぶ》を借《か》りて新《あたら》しい歌《うた》を作《つく》る、というテクニックです。

人麻呂《ひとまろ》は遠《とお》く離《はな》れた妻《つま》のことを思《おも》いながらひとり寝《ね》ていましたが、**藤原良経《ふじわらのよしつね》が思《おも》っている相手《あいて》は、つい先日《せんじつ》死《し》んでしまった妻《つま》のことです。**

このころ、夫婦《ふうふ》はお互《たが》いの袖《そで》を片方《かたほう》ずつ枕代《まくらが》わりにして寝《ね》ていました。**少《すこ》し前《まえ》まで、袖《そで》を貸《か》してくれていた妻《つま》は、もういない。**自分《じぶん》の片袖《かたそで》だけが見《み》える夜《よる》、コオロギの鳴《な》き声《ごえ》が響《ひび》き続《つづ》けています。

#秋《あき》　#亡《な》き妻《つま》　#きりぎりす（今《いま》のコオロギ）　#掛詞《かけことば》　#本歌取《ほんかど》り　#きり

〈わたの原《はら》・こ〉の法性寺入道前関白太政大臣《ほっしょうじにゅうどうさきのかんぱくだいじょうだいじん》は……

「保元《ほうげん》の乱《らん》」で弟《おとうと》と戦《たたか》う！

法性寺入道前関白太政大臣《ほっしょうじにゅうどうさきのかんぱくだいじょうだいじん》

わたの原《はら》　こぎいでて見《み》れば　ひさかたの
雲居《くもい》にまが《ご》ふ《う》　おきつ白波《しらなみ》

歌《うた》の意味《いみ》

大海原《おおうなばら》に船《ふね》を
こぎ出《だ》してみると、
白《しろ》い雲《くも》と
入《い》り混《ま》じって
見《み》まちがえるほどの
沖《おき》の白《しろ》い波《なみ》よ。

DATA

- 歌番号《うたばんごう》：76首目《しゅめ》
- 本名《ほんみょう》：藤原忠道《ふじわらのただみち》
- 活躍《かつやく》した時代《じだい》：平安《へいあん》
- 出典《しゅってん》：『詞花和歌集《しかわかしゅう》』

青《あお》い空《そら》と青《あお》い海《うみ》、それから白《しろ》い波《なみ》！

〈わたの原《はら》〉は、大空《おおぞら》と大《おお》きな海《うみ》の境目《さかいめ》を描《えが》いた、雄大《ゆうだい》で美《うつく》しい歌《うた》。**藤原忠通《ふじわらのただみち》**が、崇徳天皇《すとくてんのう》77の主催《しゅさい》する歌合《うたあわせ》で詠《よ》んだ一首《いっしゅ》です。

17歳《さい》の若《わか》き天皇《てんのう》とともに、かがやかしい未来《みらい》へ進《すす》んでゆくぞ、という**忠通《ただみち》**さんの思《おも》いも感《かん》じられます。

しかし、崇徳天皇《すとくてんのう》と忠道《ただみち》さんがこぎ出《だ》した海《うみ》には激《はげ》しい嵐《あらし》がやってきます。

忠通《ただみち》さんは、お仕《つか》えする崇徳天皇《すとくてんのう》＆自《みず》らの弟《おとうと》と、戦《たたか》うことになったのです。

「名前《なまえ》が長《なが》すぎる！」と言《い》われがちな**忠通《ただみち》**さんの勝敗《しょうはい》は、次《つぎ》の歌《うた》にて！

#雑《ぞう》　#海《うみ》　#海上遠望《かいじょうのえんぼう》　#崇徳院《すとくいん》　#保元《ほうげん》の乱《らん》　#枕詞《まくらことば》　#わたのはら・こ

〈瀬《せ》をはやみ〉の崇徳院《すとくいん》は……
兄弟《きょうだい》げんかに負《ま》けて島流《しまなが》しにされる！

瀬《せ》をはやみ
岩《いわ》にせかるる
滝川《たきがわ》の
われても末《すえ》に
逢《あ》はむとぞ思《おも》ふ

崇徳院《すとくいん》

歌《うた》の意《い》味《み》

川《かわ》の浅瀬《あさせ》の流《なが》れが速《はや》く、
岩《いわ》にせきとめられて
急流《きゅうりゅう》が分《わ》かれても
結局《けっきょく》はひとつに
なるように、
別《わか》れてもいつか
必《かなら》ず会《あ》おうと思《おも》う。

DATA

- **歌番号《うたばんごう》**：77首目《しゅめ》
- **本名《ほんみょう》**：崇徳天皇《すとくてんのう》
- **活躍《かつやく》した時代《じだい》**：平安《へいあん》
- **出典《しゅってん》**：『詞花和歌集《しかわかしゅう》』

崇徳院《すとくいん》はとても複雑《ふくざつ》な家庭環境《かていかんきょう》で育《そだ》ちました。

ひいおじいさんに愛《あい》されすぎて、父《ちち》にきらわれてしまったのです。

ひいおじいさんが亡《な》くなると、父《ちち》との仲《なか》はますます悪化《あっか》。**崇徳院《すとくいん》**は愛《あい》する息子《むすこ》を天皇《てんのう》に……と思《おも》うも、父《ちち》に邪魔《じゃま》されてしまいます。そして父《ちち》が亡《な》くなると、**崇徳院《すとくいん》**の感情《かんじょう》は爆発《ばくはつ》し、父《ちち》に愛《あい》された弟《おとうと》・後白河天皇《ごしらかわてんのう》と戦《たたか》うことに！

「保元《ほうげん》の乱《らん》」では、崇徳院《すとくいん》の兄弟《きょうだい》と、藤原忠道《ふじわらのただみち》76の兄弟《きょうだい》が、敵味方《てきみかた》に分《わ》かれて戦《たたか》います（**崇徳院《すとくいん》**＆藤原頼長《ふじわらのよりなが》VS後《ご》白河天皇《しらかわてんのう》＆藤原忠道《ふじわらのただみち》）。

#島流《しまなが》し　#讃岐《さぬき》　#怨霊《おんりょう》　#序詞《じょことば》　#第《だい》75代天皇《だいてんのう》　#せ

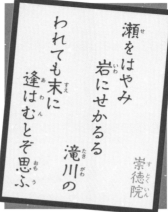

「堂々《どうどう》と昼間《ひるま》戦《たたか》おう！」と作戦《さくせん》を立《た》てる崇徳院《すとくいん》チームに対《たい》して、後白河天皇《ごしらかわてんのう》チームは夜中《よなか》に攻撃《こうげき》を仕掛《しか》けて崇徳院《すとくいん》チームを取《と》り囲《かこ》み、保元《ほうげん》の乱《らん》はたった半日《はんにち》で終《お》わります。

命《いのち》は助《たす》かるも、島流《しまなが》しとなった**崇徳院《すとくいん》**。「都《みやこ》に帰《かえ》りたい」と忠通《ただみち》に文《ふみ》を送《おく》りますが、返事《へんじ》はありませんでした。

九年後《くねんご》、息子《むすこ》が亡《な》くなったと報告《ほうこく》を受《う》けると、爪《つめ》も切《き》らず髪《かみ》も伸《の》びっぱなしで、天狗《てんぐ》のような姿《すがた》になって、すべての人《ひと》たちを呪《のろ》いながら崇徳院《すとくいん》は亡《な》くなります。

〈瀬《せ》をはやみ〉は、保元《ほうげん》の乱《らん》の前《まえ》に詠《よ》まれた歌《うた》です。〈今《いま》はあなたと別《わか》れても、いつか必《かなら》ず会《あ》おう〉と願《ねが》った**崇徳院《すとくいん》**ですが、願《ねが》いは叶《かな》うことなくこの世《よ》を去《さ》りました。

#恋《こい》 #滝川《たきがわ》 #再会《さいかい》 #久安百首《きゅうあんひゃくしゅ》 #保元《ほうげん》の乱《らん》 #鳥羽院《とばいん》 #後白河天皇《ごしらかわてんのう》

〈ももしきや〉の順徳院《じゅんとくいん》は……

父《ちち》と戦《いくさ》をしかけるも、負《ま》けて島《しま》流《なが》しにされる！

ももしきや
古《ふる》きのきばの
しのぶにも
なほ《お》あまりある
昔《むかし》なりけり

順徳院《じゅんとくいん》

歌《うた》の意味《いみ》

宮中《きゅうちゅう》の古《ふる》い軒先《のきさき》に生《は》えているしのぶ草《ぐさ》を見《み》ると、いくらしのんでもしのびきれない、昔栄《むかしさか》えていた時代《じだい》よ。

DATA

- 歌番号《うたばんごう》：100首目《しゅめ》
- 本名《ほんみょう》：順徳天皇《じゅんとくてんのう》
- 活躍《かつやく》した時代《じだい》：鎌倉《かまくら》
- 出典《しゅってん》：『続後撰和歌集《しょくごせんわかしゅう》』

〈ももしきや〉を詠《よ》んだとき**順徳院《じゅんとくいん》**は20歳《さい》。時代《じだい》は京《きょう》の貴族《きぞく》ではなく、東《ひがし》の武士《ぶし》の世《よ》の中《なか》にすっかり移《うつ》り変《か》わってしまいました。

政治《せいじ》と文化《ぶんか》の中心地《ちゅうしんち》として、あれほど華《はな》やかに、光《ひか》りかがやいていた宮中《きゅうちゅう》は、雑草《ざっそう》のしのぶ草《ぐさ》が屋根《やね》に生《は》えるほどボロボロに……。

しかし武士《ぶし》の中心《ちゅうしん》である将軍《しょうぐん》・源《みなもと》実朝《さねとも》93が暗殺《あんさつ》され、鎌倉幕府《かまくらばくふ》は大混乱《だいこんらん》。「よし、今《いま》こそ天皇中心《てんのうちゅうしん》の政治《せいじ》に戻《もど》すタイミングだ！　鎌倉幕府《かまくらばくふ》に不満《ふまん》を持《も》つ人《ひと》も多《おお》いから、みなに声《こえ》をかけたら仲間《なかま》も集《あつ》まるぞ！」と、**順徳院《じゅんとくいん》は父《ちち》・**

#島流《しまなが》し　#佐渡《さど》　#掛詞《かけことば》　#第《だい》84代天皇《だいてんのう》　#もも

後鳥羽院《ごとばいん》⑨⑨とともに鎌倉幕府《かまくらばくふ》に戦《たたか》いをしかけます。

もろいと思《おも》っていた鎌倉《かまくら》の武士《ぶし》たちは、実朝《さねとも》の母《はは》・北条政子《ほうじょうまさこ》を中心《ちゅうしん》に団結《だんけつ》して、京都《きょうと》へ攻《せ》めこんできました。

約一《やくいっ》か月《げつ》におよんだ戦《たたか》いは、順徳院《じゅんとくいん》たちの大敗《たいはい》に終《お》わります。

順徳院《じゅんとくいん》も、父《ちち》・後鳥羽院《ごとばいん》も、別々《べつべつ》の島《しま》に流《なが》され、都《みやこ》の家族《かぞく》とも離《はな》れ離《ばな》れになってしまいます。

再《ふたた》び天皇中心《てんのうちゅうしん》の世《よ》の中《なか》になることを夢見《ゆめみ》て、**〈ももしきや〉**と詠《よ》んでから五年《ごねん》。**順徳院**《じゅんとくいん》はまだ25歳《さい》でした。

二十二年間《にじゅうにねんかん》を島《しま》ですごしたのち、都《みやこ》に帰《かえ》る願《ねが》いを幕府《ばくふ》に絶《た》たれた順徳院《じゅんとくいん》は、食事《しょくじ》をとるのをやめて、やせおとろえて亡《な》くなったのでした。

#雑《ぞう》　#しのぶ草《ぐさ》　#昔《むかし》が恋《こい》しい　#承久《じょうきゅう》の乱《らん》　#後鳥羽院《ごとばいん》　#仲恭天皇《ちゅうきょうてんのう》

〈やすらはで《わ》〉の赤染衛門《あかぞめえもん》は……

姉《し》妹《まい》の彼《かれ》氏《し》にマジギレする！

やすらはで《わ》
寝《ね》なましものを
さ夜《よ》ふけて
かたぶくまでの
月《つき》を見《み》しかな

赤染衛門《あかぞめえもん》

歌《うた》の意《い》味《み》

あなたが来《こ》ないなら
ためらわずに
寝《ね》てしまったのに。
お待《ま》ちして、夜《よ》ふけに
西《にし》の空《そら》へかたむくまで
月《つき》を眺《なが》めて
しまいました。

DATA

- **歌番号《うたばんごう》：59首目《しゅめ》**
- **名前《なまえ》：赤染衛門《あかぞめえもん》**
- **活躍《かつやく》した時代《じだい》：平安《へいあん》**
- **出典《しゅってん》：『後拾遺和歌集《ごしゅういわかしゅう》』**

とにかく女性《じょせい》が「待《ま》つ」のが平安時代《へいあんじだい》の恋愛事情《れんあいじじょう》。

今日《きょう》も月《つき》を見上《みあ》げながら、**恋人《こいびと》を待《ま》っている女性《じょせい》がひとり。約束《やくそく》したのに、恋人《こいびと》は来《こ》ない。**月《つき》はどんどん西《にし》へとかたむき、空《そら》は明《あか》るくなってゆく。ああ、ねむい……。

その後《うし》ろに、そんな様子《ようす》を見《み》ている女性《じょせい》の姿《すがた》が。**赤染衛門《あかぞめえもん》**です。恋人《こいびと》に約束《やくそく》を破《やぶ》られた姉妹《しまい》を見《み》て、**「うちの大事《だいじ》な姉妹《しまい》を待《ま》たせるなんて、何考《なにかんが》えているのよ！**こんなに夜更《よふ》かしさせて！　睡眠不足《すいみんぶそく》はお肌《はだ》の大敵《たいてき》よ！」と**〈やすらはで《わ》〉**の歌《うた》で、姉妹《しまい》の代《か》わりに**赤染衛門《あかぞめえもん》**さんがズバッと言《い》ってあげたのでした。

#恋《こい》　#月《つき》　#待《ま》つ　#代作《だいさく》　#平兼盛《たいらのかねもり》　#中古三十六歌仙《ちゅうこさんじゅうろっかせん》　#栄花物語《えいがものがたり》　#やす

〈わがそでは〉の二条院讃岐《にじょういんのさぬき》は……
妖怪《ようかい》退治《たいじ》が得意《とくい》な父《ちち》を失《うしな》う！

わがそでは
潮干《しおひ》に見《み》えぬ
おきの石《いし》の
人《ひと》こそ知《し》らね
かわく間《ま》もなし

二条院讃岐《にじょういんのさぬき》

歌《うた》の意味《いみ》

わたしの袖《そで》は
引《ひ》き潮《しお》のときにも
沈《しず》んで見《み》えない
沖《おき》の石《いし》のように、
人《ひと》は知《し》らない
でしょうが、
涙《なみだ》にぬれて
乾《かわ》く暇《ひま》もありません。

DATA
- 歌番号《うたばんごう》：92首目《しゅめ》
- 名前《なまえ》：二条院讃岐《にじょういんのさぬき》
- 活躍《かつやく》した時代《じだい》：平安《へいあん》～鎌倉《かまくら》
- 出典《しゅってん》：『千載和歌集《せんざいわかしゅう》』

「石《いし》に寄《よ》する恋《こい》」というテーマで詠《よ》まれた**讃岐《さぬき》**の**〈わがそでは〉**。今《いま》なら恋《こい》のお守《まも》りのパワーストーン・ルビーがありますが、**平安時代《へいあんじだい》で石《いし》と恋《こい》は、難《むずか》しいお題《だい》**です。〈海底《かいてい》の石《いし》みたいに、涙《なみだ》で袖《そで》がずっとぬれています〉（袖《そで》、やたらぬれがち）という返《かえ》しはお見事《みごと》！　とても評判《ひょうばん》がよかったので「沖《おき》の石《いし》の讃岐《さぬき》」のあだ名《な》がつくほど。

讃岐《さぬき》さんのお父《とう》さんは、ぬえ（頭《あたま》がサル・体《からだ》がタヌキ・手足《てあし》がトラ・しっぽがヘビ、という妖怪《ようかい》）退治《たいじ》で有名《ゆうめい》な源頼政《みなもとのよりまさ》。

そんな**父《ちち》・頼政《よりまさ》は平家《へいけ》に逆《さか》らうものの破《やぶ》れ、宇治《うじ》の平等院《びょうどういん》で自害《じがい》**します。**讃岐《さぬき》**さんの袖《そで》も、涙《なみだ》でぬれたのでしょう……。

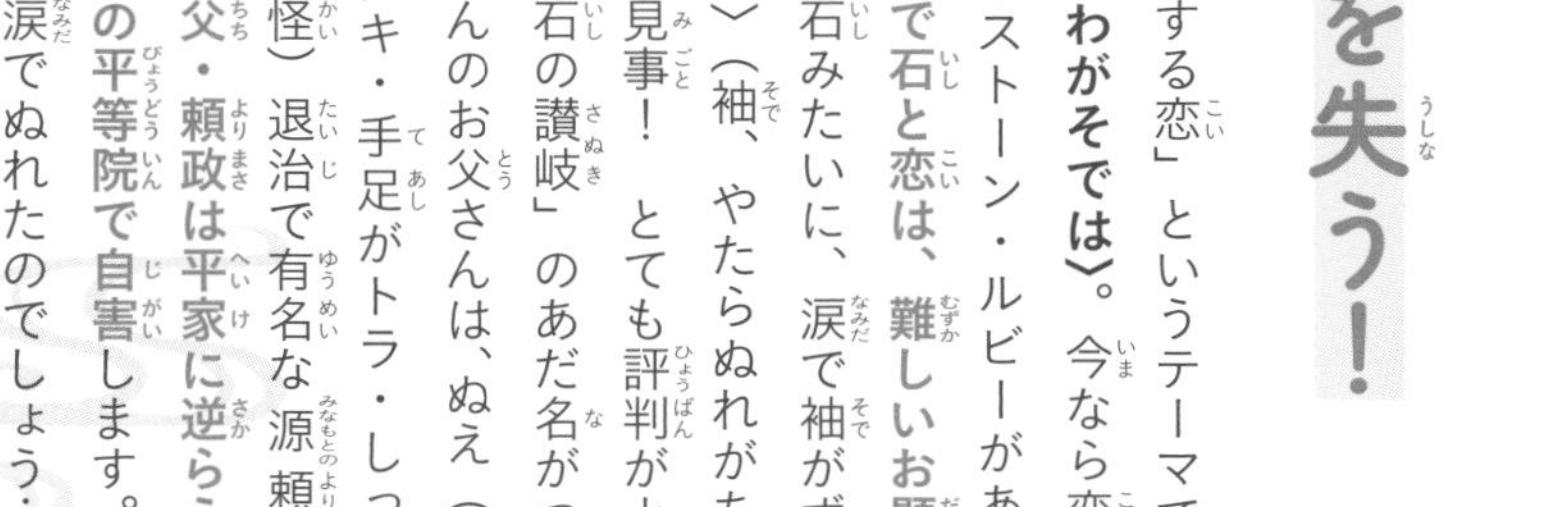

#恋《こい》　#涙《なみだ》　#袖《そで》がぬれる　#題詠《だいえい》　#源頼政《みなもとのよりまさ》　#序詞《じょことば》　#本歌取《ほんかど》り　#わがそ

〈玉《たま》の緒《お》よ〉の式子内親王《しょくしないしんのう》は……

天皇《てんのう》の娘《むすめ》として生《う》まれて恋愛禁止《れんあいきんし》！

玉《たま》の緒《お》よ
絶《た》えなば絶《た》えね
ながらへ《え》ば
しのぶることの
弱《よわ》りもぞする

式子内親王《しょくしないしんのう》

歌《うた》の意味《いみ》

命《いのち》よ、絶《た》えるなら
いっそ絶《た》えてしまって。
このまま生《い》きながらえたら
恋心《こいごころ》をかくしておく力《ちから》が
弱《よわ》まってしまうかも
しれないから。

DATA

- **歌番号**《うたばんごう》：89首目《しゅめ》
- **本名**《ほんみょう》：式子内親王《しょくしないしんのう》
- **活躍した時代**《かつやくしたじだい》：平安《へいあん》～鎌倉《かまくら》
- **出典**《しゅってん》：『新古今和歌集《しんこきんわかしゅう》』

〈命《いのち》よ、絶《た》えるなら絶《た》えてしまって！あの人《ひと》を好《す》きだという気持《きも》ちを隠《かく》しきれなくなってしまうから〉と、とても情熱的《じょうねつてき》な、あふれる思《おも》いを歌《うた》にした**〈玉《たま》の緒《お》よ〉**。

後白河天皇《ごしらかわてんのう》の娘《むすめ》である**式子内親王《しょくしないしんのう》**は、三条院《さんじょういん》の娘《むすめ》・当子内親王《とうしないしんのう》と同《おな》じ、神様《かみさま》（賀茂神社《かもじんじゃ》）に仕《つか》える「斎王《さいおう》」でした。

斎王《さいおう》を十一年務《じゅういちねんつと》めたあと、**病気《びょうき》がちだった式子内親王《しょくしないしんのう》はほとんど外《そと》の世界《せかい》と交流《こうりゅう》せずに、独身《どくしん》のまま一生《いっしょう》を終《お》えました。**

屋敷《やしき》から出《で》ることもできず、今《いま》でいう「引《ひ》きこもり」のような状態《じょうたい》で、ひ

#後白河天皇《ごしらかわてんのう》　#以仁王《もちひとおう》　#藤原俊成《ふじわらのしゅんぜい》　#藤原定家《ふじわらのていか》　#縁語《えんご》　#たま

とり歌《うた》を詠《よ》んでいた**式子内親王《しょくしないしんのう》**。

それなのに**〈玉《たま》の緒《お》よ〉**は情熱的《じょうねつてき》な恋《こい》の歌《うた》です。本当《ほんとう》の恋《こい》ができなかったからこそ、恋《こい》についてより深《ふか》く想像《そうぞう》して生《う》まれたのかもしれません。

〈玉《たま》の緒《お》よ〉のはげしい恋心《こいごころ》の歌《うた》も、体験《たいけん》からではなく「忍《しの》ぶ恋《こい》」という題《だい》で詠《よ》まれました。

静《しず》かな中《なか》に情熱《じょうねつ》を秘《ひ》めた名歌《めいか》をたくさんのこしていて『新古今和歌集《しんこきんわかしゅう》』を代表《だいひょう》する歌人《かじん》と呼《よ》ばれています。

式子内親王《しょくしないしんのう》の和歌《わか》の師匠《ししょう》であった藤《ふじ》原俊成《わらのしゅんぜい》といっしょに、**式子内親王《しょくしないしんのう》**のもとへ通《かよ》っていた百人一首《ひゃくにんいっしゅ》の撰者《せんじゃ》・定家《ていか》さんと恋《こい》をしていたのでは？　と、秘《ひ》密《みつ》の燃《も》えあがるような恋《こい》をするふたりを後世《こうせい》の人《ひと》は妄想《もうそう》し、そこからたくさんの二次創作《にじそうさく》が生《う》まれました。

#恋《こい》　#忍《しの》ぶ恋《こい》　#激《はげ》しい恋《こい》　#斎院《さいいん》　#賀茂神社《かもじんじゃ》　#恋愛禁止《れんあいきんし》

〈なげきつつ〉の右大将道綱母《うだいしょうみちつなのはは》は……

結《けっ》婚《こん》生《せい》活《かつ》のグチを日《にっ》記《き》に書《か》く！

なげきつつ
ひとり寝《ぬ》る夜《よ》の
明《あ》くる間《ま》は
いかにひさしき
ものとかは知《し》る

右大将道綱母《うだいしょうみちつなのはは》

「恋人《こいびと》が来《こ》ない！」とプンスカしている歌《うた》は、怒《おこ》っていてもあやまったら許《ゆる》してくれそうな余裕《よゆう》がまだ感《かん》じられます。**〈なげきつつ〉**は待《ま》たされた相手《あいて》が夫《おっと》なので、心《こころ》の底《そこ》から怒《おこ》っています。**この歌《うた》を書《か》いた夫《おっと》への手紙《てがみ》には、しおれた菊《きく》の花《はな》がそえられていました……。**

美人《びじん》で歌《うた》も上手《じょうず》な**右大将道綱母《うだいしょうみちつなのはは》**。藤原兼家《ふじわらのかねいえ》の熱心《ねっしん》なプロポーズを受《う》けますが、兼家《かねいえ》には妻《つま》が複数《ふくすう》いたのです（平安時代《へいあんじだい》の貴族《きぞく》は一夫多妻制《いっぷたさいせい》）。

不満《ふまん》だらけの二十一年間《にじゅういちねんかん》の結婚生活《けっこんせいかつ》を書《か》いた『蜻蛉日記《かげろうにっき》』はなんと千年以上《せんねんいじょう》読《よ》みつがれ、今《いま》も教科書《きょうかしょ》に載《の》っています。

歌《うた》の意味《いみ》

あなたが来《こ》ないことを
なげきながら、
ひとりで寝《ね》る夜《よる》が
明《あ》けるまでの間《あいだ》が
どれほど長《なが》いか、
ご存《ぞん》じ？ いえ、
知《し》らないでしょう。

DATA

- **歌番号《うたばんごう》**：53首目《しゅめ》
- **名前《なまえ》**：右大将道綱母《うだいしょうみちつなのはは》
- **活躍《かつやく》した時代《じだい》**：平安《へいあん》
- **出典《しゅってん》**：『拾遺和歌集《しゅういわかしゅう》』

#恋《こい》 #藤原兼家《ふじわらのかねいえ》 #蜻蛉日記《かげろうにっき》 #菅原孝標女《すがわらのたかすえのむすめ》 #中古三十六歌仙《ちゅうこさんじゅうろっかせん》 #なげき

〈忘《わす》れじの〉の儀同三司母《ぎどうさんしのはは》は……

超《ちょう》ハッピーな結婚《けっこん》生活《せいかつ》から転落《てんらく》する！

忘《わす》れじの
行《ゆ》く末《すえ》までは
かたければ
今日《きょう》をかぎりの
命《いのち》ともがな

儀同三司母《ぎどうさんしのはは》

歌《うた》の意味《いみ》

いつまでも忘《わす》れないよ、
という約束《やくそく》が
遠《とお》い未来《みらい》まで続《つづ》くと
信《しん》じることは
難《むずか》しいから、
幸《しあわ》せな今日《きょう》限《かぎ》りの
命《いのち》であったなら。

DATA
- 歌番号《うたばんごう》：54首目《しゅめ》
- 本名《ほんみょう》：高階貴子《たかしなのきし》
- 活躍《かつやく》した時代《じだい》：平安《へいあん》
- 出典《しゅってん》：『新古今和歌集《しんこきんわかしゅう》』

高階貴子《たかしなのきし》と藤原道隆《ふじわらのみちたか》が恋人《こいびと》になったときに詠《よ》まれた**〈忘《わす》れじの〉**は、人生《じんせい》でいちばん幸《しあわ》せな瞬間《しゅんかん》を撮《と》った写真《しゃしん》のよう。

ふたりは結婚《けっこん》し、美《うつく》しく賢《かしこ》い子《こ》どもたちが生《う》まれ、娘《むすめ》・定子《ていし》は一条天皇《いちじょうてんのう》に愛《あい》される中宮《ちゅうぐう》（天皇《てんのう》の正妻《せいさい》）になります。息子《むすこ》たちも出世《しゅっせ》し、道隆《みちたか》は貴族《きぞく》トップになりました。これ以上《いじょう》キラキラしたセレブな一族《いちぞく》はいないほど幸《しあわ》せになったのです！

しかしお酒《さけ》の飲《の》みすぎで夫《おっと》・道隆《みちたか》が亡《な》くなると、その弟《おとうと》である藤原道長《ふじわらのみちなが》に権力《けんりょく》は移《うつ》り、貴子《きし》さんの子《こ》どもたちは坂道《さかみち》を転《ころ》がるように不幸《ふこう》になるのでした……。

#恋《こい》　#幸《しあわ》せ　#藤原道隆《ふじわらのみちたか》　#伊周《これちか》　#隆家《たかいえ》　#定子《ていし》　#一条天皇《いちじょうてんのう》　#わすれ

コラム
column

おしえて！定家《ていか》さん

②百人一首《ひゃくにんいっしゅ》でよく見《み》る言葉《ことば》

よく知《し》らない言葉《ことば》がいっぱい出《で》てくるよ。定家《ていか》さん、意味《いみ》をおしえて！　まずは「**歌人《かじん》**」！

短歌《たんか》を作《つく》る人《ひと》のことだよ。ちなみに、短歌《たんか》を作《つく》ることを「**短歌《たんか》を詠《よ》む**」というんだ。

へぇ～。独特《どくとく》の表現《ひょうげん》だね。ところで、「**出典《しゅってん》**」って何《なに》を表《あらわ》しているの？

歌《うた》がおさめられている和歌集《わかしゅう》のタイトルだよ。百人一首《ひゃくにんいっしゅ》は、平安時代《へいあんじだい》の『古今和歌集《こきんわかしゅう》』から鎌倉時代《かまくらじだい》の『続後撰和歌集《しょくごせんわかしゅう》』までの**十《じゅう》の勅撰和歌集《ちょくせんわかしゅう》に載《の》っている歌《うた》から撰《えら》ばれている**んだ。勅撰和歌集《ちょくせんわかしゅう》とは、天《てん》皇《のう》や上皇《じょうこう》の命令《めいれい》でつくられた和歌集《わかしゅう》のことなんだ。

そうだったんだね……！　そういえば、歌《うた》には「**ゑ《え》**」「**ゐ《い》**」とか「**おもふ《う》**」「**あはむ《わ》《ん》**」とか、普段使《ふだんつか》わない言葉《ことば》が出《で》てくるよ。

「**歴史的《れきしてき》かなづかい**」と呼《よ》ばれるものだよ。平安時代《へいあんじだい》の中頃《なかごろ》までよく使《つか》われていた言葉《ことば》が基本《きほん》になっている。反対《はんたい》に、今《いま》使《つか》われているのは「現代《げんだい》かなづかい」と呼《よ》ばれているね。

「**枕詞《まくらことば》**」「**序詞《じょことば》**」「**掛詞《かけことば》**」「**本歌取《ほんかど》り**」って何《なに》？

短歌《たんか》を詠《よ》むときのテクニックだよ！　ゲームでもいろいろなワザを使《つか》ってバトルに勝《か》つみたいに、**言葉《ことば》をかざったり（枕詞《まくらことば》・序詞《じょことば》）、ひとつの言葉《ことば》にいくつもの意味《いみ》を持《も》たせたり（掛詞《かけことば》）、昔《むかし》の有名《ゆうめい》な歌《うた》の一部《いちぶ》を引用《いんよう》したり（本歌取《ほんかど》り）、**いろいろな表現方法《ひょうげんほうほう》を使《つか》って歌《うた》を詠《よ》んだんだ。

― 3章《しょう》 ―

恋《れん》愛《あい》で

しょんぼり

〈ちはやぶる〉の在原業平朝臣《ありわらのなりひらあそん》は……

かけおちに失敗《しっぱい》しても、こりない恋愛体質《れんあいたいしつ》！

ちはやぶる
神代《かみよ》も聞《き》かず
竜田川《たつたがわ》
からくれなゐ《い》に
水《みず》くくるとは

在原業平朝臣《ありわらのなりひらあそん》

歌《うた》の意味《いみ》

不思議《ふしぎ》なことが
多《おお》かったという神代《かみよ》でも
聞《き》いたことがない。
竜田川《たつたがわ》を紅葉《もみじ》が流《なが》れて、
鮮《あざ》やかな赤《あか》の
しぼり染《ぞ》めにするとは。

DATA

- 歌番号《うたばんごう》：17首目《しゅめ》
- 本名《ほんみょう》：在原業平《ありわらのなりひら》
- 活躍《かつやく》した時代《じだい》：平安《へいあん》
- 出典《しゅってん》：『古今和歌集《こきんわかしゅう》』

〈ちはやぶる〉は、竜田川《たつたがわ》を流《なが》れる濃《こ》い赤色《あかいろ》の紅葉《もみじ》を染《そ》め物《もの》に例《たと》えるという、斬新《ざんしん》なアイディアが光《ひか》る一首《いっしゅ》。〈神様《かみさま》も見《み》たことがないだろう！〉と大《おお》げさにほめるところも「どれだけ美《うつく》しいのだろう!?」と興味《きょうみ》がわきます。

なんとこの歌《うた》は、**実際《じっさい》の景色《けしき》を見《み》ながらではなく「屏風《びょうぶ》に描《えが》かれた絵《え》」を見《み》て詠《よ》まれたのです。**

作者《さくしゃ》は平安時代《へいあんじだい》のプレイボーイとして有名《ゆうめい》なイケメン歌人《かじん》・**在原業平《ありわらのなりひら》**。**業平《なりひら》**さんが歌《うた》を詠《よ》んだ、この竜田川《たつたがわ》の屏風《びょうぶ》をプレゼントされた女性《じょせい》は、**業《なり》平《ひら》さんの元恋人《もとこいびと》・高子姫《たかいこひめ》**でした。

#在原行平《ありわらのゆきひら》　#伊勢物語《いせものがたり》　#六歌仙《ろっかせん》　#三十六歌仙《さんじゅうろっかせん》　#ちは

その昔《むかし》、業平《なりひら》さんは婚約者《こんやくしゃ》のいる高《たか》子姫《こひめ》をさらって逃《に》げました。

屋敷《やしき》から連《つ》れ出《だ》し、高子姫《たかいこひめ》を負《お》ぶって逃《に》げる業平《なりひら》さん。当時《とうじ》の女性《じょせい》の装束《しょうぞく》は重《かさ》ね着《ぎ》していてとっても重《おも》かったので、さぞ大変《たいへん》だったのでは？

夜《よる》になり、雨《あめ》が降《ふ》ってきたので小屋《こや》で休《やす》んでいたところを、高子姫《たかいこひめ》のお兄《にい》さんに見《み》つかってしまいます。

ふたりは仲《なか》を引《ひ》きさかれ、高子姫《たかいこひめ》は清和天皇《せいわてんのう》と結婚《けっこん》させられたのでした。

業平《なりひら》さんは高子姫《たかいこひめ》の兄《あに》に怒《おこ》られて髪《かみ》をザックリ切《き》られ、傷心《しょうしん》の旅《たび》に出《で》ますが、旅先《たびさき》の伊勢《いせ》で斎宮《さいぐう》の女性《じょせい》（恋愛禁《れんあいきん》止《し》）に手《て》を出《だ》してまた大《おお》さわぎに……！

『伊勢物語《いせものがたり》』はそんな恋多《こいおお》き業平《なりひら》さんをモデルにした歌物語《うたものがたり》（歌《うた》を中心《ちゅうしん》とした短編物語集《たんぺんものがたりしゅう》）です。

#秋《あき》 #紅葉《もみじ》 #竜田川《たつたがわ》 #イケメン #藤原高子《ふじわらのたかいこ》 #屏風歌《びょうぶうた》 #陽成院《ようぜいいん》

〈わびぬれば〉の元良親王《もとよししんのう》は……

禁断《きんだん》の相手《あいて》にも手《て》を出《だ》すプレイボーイ！

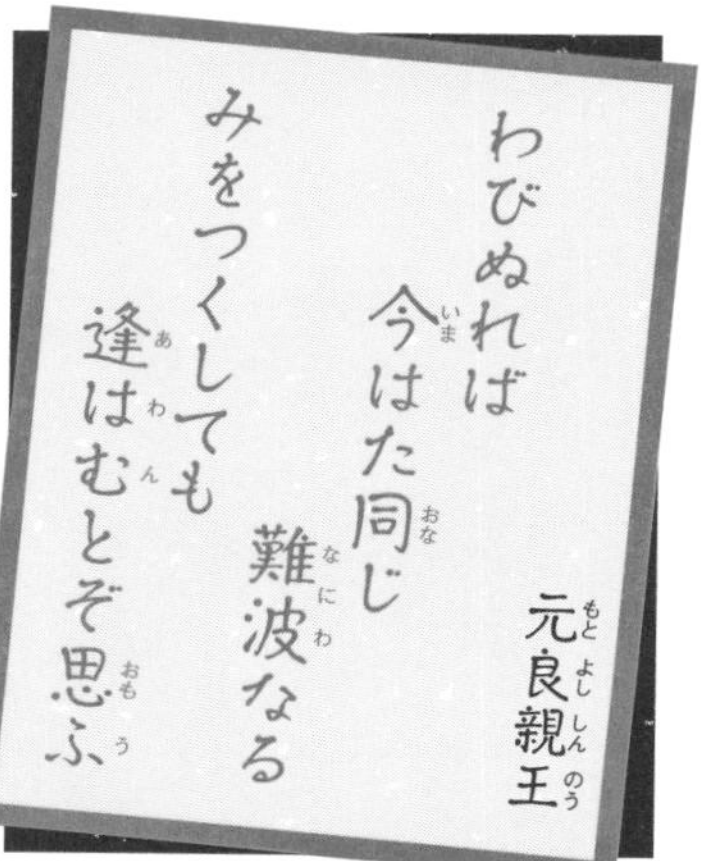

歌《うた》の意味《いみ》

悩《なや》み苦《くる》しむ
今《いま》となっては同《おな》じこと。
難波《なにわ》の「澪標《みおつくし》」のように
「身《み》を尽《つ》くし」ても、
あなたに会《あ》おうと
思《おも》います。

DATA

- 歌番号《うたばんごう》：20首目《しゅめ》
- 本名《ほんみょう》：元良親王《もとよししんのう》
- 活躍《かつやく》した時代《じだい》：平安《へいあん》
- 出典《しゅってん》：『後撰和歌集《ごせんわかしゅう》』

元良親王《もとよししんのう》のお父《とう》さんは、やんちゃな性格《せいかく》で有名《ゆうめい》な陽成院《ようぜいいん》⑬です。

お父《とう》さんがいろいろありすぎたせいで、元良親王《もとよししんのう》が天皇《てんのう》の位《くらい》につける可能性《かのうせい》は限《かぎ》りなくゼロに。

天皇《てんのう》になることと、仕事《しごと》での出世《しゅっせ》をあきらめた**元良親王《もとよししんのう》**は、恋愛《れんあい》に向《む》けて全力《ぜんりょく》ダッシュです！

恋《こい》の歌《うた》ばかりがのこっていて、歌物語《うたものがたり》の『大和物語《やまとものがたり》』や歌集《かしゅう》に出《で》てくる恋《こい》のお相手《あいて》は二十一人以上《にじゅういちにんいじょう》（そもそも「陽成院《ようぜいいん》の息子《むすこ》の元良親王《もとよししんのう》は、超女性《ちょうじょせい》好《ず》きなので、美《うつく》しい女性《じょせい》のうわさを聞《き》くと、すぐに歌《うた》を贈《おく》りました」という

#陽成院《ようぜいいん》　#宇多天皇《うだてんのう》　#イケボ　#掛詞《かけことば》　#わび

文章《ぶんしょう》から歌集《かしゅう》がはじまる〉。

〈**わびぬれば**〉のお相手《あいて》・京極御息所《きょうごくのみやすどころ》は、宇多天皇《うだてんのう》がひとめぼれして、息子《むすこ》のお嫁《よめ》さん候補《こうほ》だったのに、自分《じぶん》の后《きさき》のひとりにしたほどの美女《びじょ》でした。

そんな女性《じょせい》と恋《こい》に落《お》ち、ふたりで秘《ひ》密《みつ》で会《あ》っていたことがバレて、うわさにまでなってしまった**元良親王《もとよししんのう》**。

〈許《ゆる》されない恋《こい》だとしても、どんなにボロボロになったとしても、君《きみ》に会《あ》いたいんだ!〉という激《はげ》しさと、〈バレてしまったけれどかまわない!〉というすっかり開《ひら》き直《なお》った様子《ようす》が歌《うた》からあふれ出《だ》しています。

ちなみに**元良親王《もとよししんのう》**はよく通《とお》る美《うつく》しい声《こえ》をしていたそうです。いつの時代《じだい》も、ステキな声《こえ》の人《ひと》はモテるのですね。

#恋《こい》 #難波《なにわ》 #みおつくし #禁《きん》じられた恋《こい》 #恋《こい》に生《い》きる #大和物語《やまとものがたり》

〈住《すみ》の江《え》の〉の藤原敏行朝臣《ふじわらのとしゆきあそん》は……

夢《ゆめ》の中《なか》でさえ恋人《こいびと》に会《あ》えない!

住《すみ》の江《え》の
岸《きし》による波《なみ》
よるさへ《え》や
夢《ゆめ》のかよひ《い》路《じ》
人目《ひとめ》よくらむ《ん》

藤原敏行朝臣《ふじわらのとしゆきあそん》

歌《うた》の意味《いみ》

住ノ江《すみのえ》の
海岸《かいがん》に寄《よ》る波《なみ》のように
あなたに心《こころ》を
寄《よ》せているのに、
夜《よる》の夢《ゆめ》の中《なか》でさえ
どうして人目《ひとめ》を
避《さ》けるのでしょうか。

DATA

- 歌番号《うたばんごう》：18首目《しゅめ》
- 本名《ほんみょう》：藤原敏行《ふじわらのとしゆき》
- 活躍《かつやく》した時代《じだい》：平安《へいあん》
- 出典《しゅってん》：『古今和歌集《こきんわかしゅう》』

古代《こだい》、「夢《ゆめ》」はただ寝《ね》ている間《あいだ》に見《み》ているものではなく、もっと特別《とくべつ》な、意味《いみ》のあるものだと考《かんが》えられていました。神《かみ》や仏《ほとけ》からのお告《つ》げでもあり、見《み》た人《ひと》の運命《うんめい》を変《か》えるほどのパワーがあると信《しん》じられていたのです。

もちろん恋愛《れんあい》でも夢《ゆめ》は重要《じゅうよう》でした。夢《ゆめ》に恋《こい》しい人《ひと》が出《で》てくるのは、お互《たが》い深《ふか》く思《おも》いあっている証拠《しょうこ》と考《かんが》えられていたのです。

藤原敏行《ふじわらのとしゆき》は恋人《こいびと》となかなか会《あ》えません。〈せめて夢《ゆめ》で会《あ》いたい! でも夢《ゆめ》に出《で》てこない。どうして? 夢《ゆめ》の通《とお》り道《みち》でさえ、人目《ひとめ》を気《き》にしているせい……?〉と、しょんぼり**〈住《すみ》の江《え》の〉**となげく**敏行《としゆき》**さんでした。

〈難波潟《なにわがた》〉の伊勢《いせ》は……

モテモテだけど、本命《ほんめい》の人《ひと》とは結《むす》ばれず！

難波潟《なにわがた》
短《みじか》きあしの
ふしの間《ま》も
逢《あ》はでこの世《よ》を
すぐしてよとや
伊勢《いせ》

歌《うた》の意味《いみ》

難波潟《なにわがた》に生《は》えている葦《あし》の、節《ふし》と節《ふし》の短《みじか》い間《あいだ》ほどの短《みじか》い時間《じかん》も、あなたに会《あ》うことなく過《す》ごせというのでしょうか。

DATA

- 歌番号《うたばんごう》：19首目《しゅめ》
- 名前《なまえ》：伊勢《いせ》（伊勢御息所《いせのみやすどころ》）
- 活躍《かつやく》した時代《じだい》：平安《へいあん》
- 出典《しゅってん》：『新古今和歌集《しんこきんわかしゅう》』

「夢《ゆめ》に出《で》てきてくれない」なんてふんわりしていないで〈ほんのちょっとでも会《あ》えないなんていやなの!!〉と、ぐいぐい相手《あいて》に迫《せま》る**伊勢《いせ》**の〈難波潟《なにわがた》〉。

身分《みぶん》の高《たか》い人《ひと》たちに次々《つぎつぎ》と愛《あい》された**伊勢《いせ》**さん。たぐいまれなる美《うつく》しさと才能《さいのう》を持《も》っていたので、まわりの人《ひと》たちがほうっておかなかったようです。

藤原仲平《ふじわらのなかひら》と恋《こい》に落《お》ちますが、**仲平《なかひら》**は身分《みぶん》の高《たか》い姫《ひめ》と結婚《けっこん》してしまい、〈難波潟《なにわがた》〉の思《おも》いも届《とど》かず離《はな》れてゆきます。ふられた**伊勢《いせ》**さんのもとには次々《つぎつぎ》と男性《だんせい》が！

モテモテの**伊勢《いせ》**さんは、たくさんの恋《こい》の歌《うた》をのこしています。

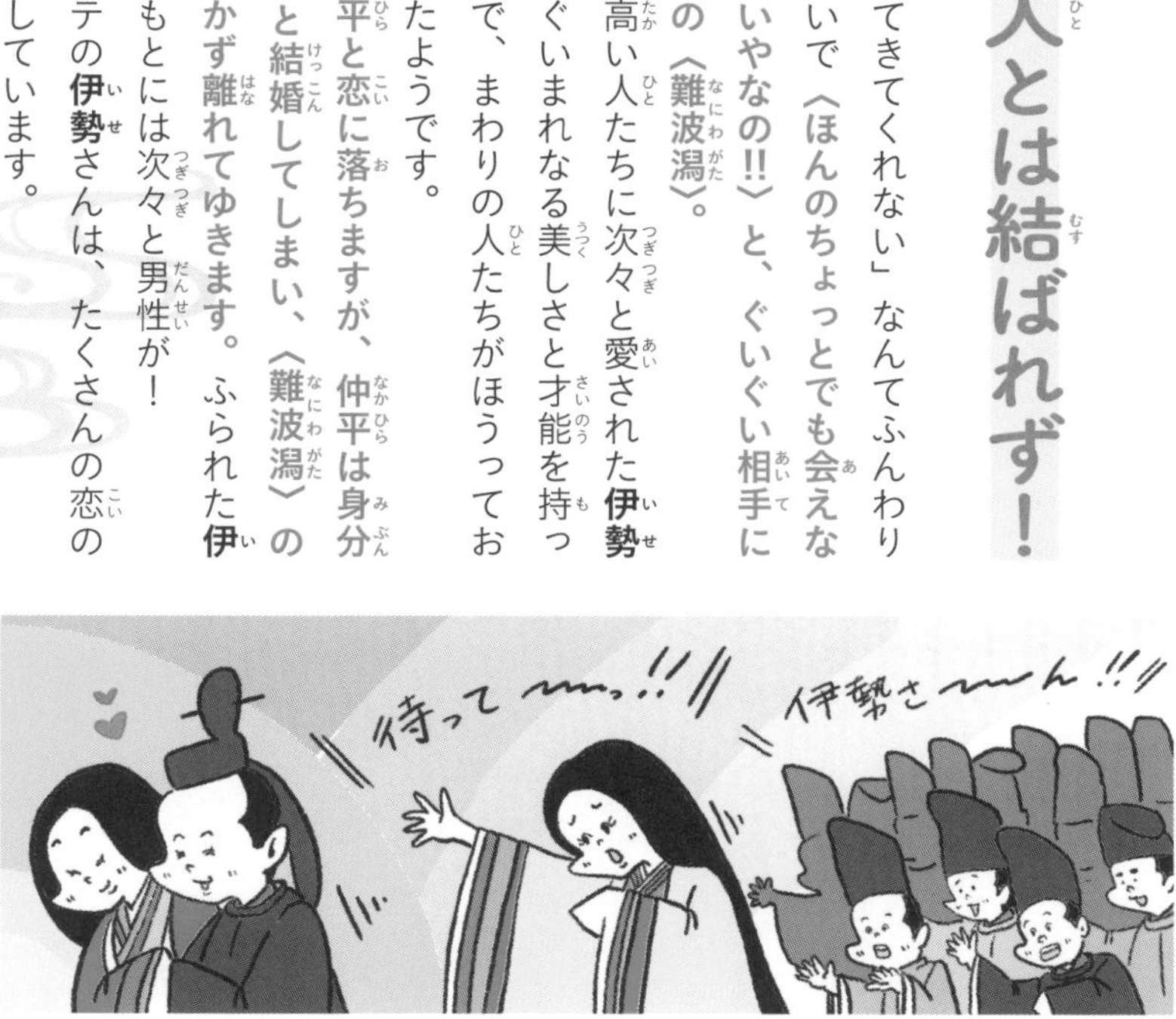

#恋《こい》 #会《あ》えない #藤原仲平《ふじわらのなかひら》 #宇多天皇《うだてんのう》 #中宮温子《ちゅうぐうおんし》 #三十六歌仙《さんじゅうろっかせん》 #なにはが

〈忘《わす》らるる〉の右近《うこん》は……
元《もと》恋人《こいびと》に天罰《てんばつ》が下《くだ》るように祈《いの》る!

忘《わす》らるる
身《み》をば思《おも》はず
ちかひ《い》てし
人《ひと》の命《いのち》の
惜《お》しくもあるかな

右近《うこん》

歌《うた》の意味《いみ》

あなたに忘《わす》れられた
わたしの身《み》は、
何《なん》とも思《おも》いません。
神様《かみさま》に愛《あい》をちかった
あなたの命《いのち》が、
罰《ばつ》で失《うしな》われるのが
惜《お》しいのです。

DATA
- 歌番号《うたばんごう》:38首目《しゅめ》
- 名前《なまえ》:右近《うこん》
- 活躍《かつやく》した時代《じだい》:平安《へいあん》
- 出典《しゅってん》:『拾遺和歌集《しゅういわかしゅう》』

右近《うこん》が恋人《こいびと》に送《おく》った歌《うた》は、もらったら背中《せなか》がゾッとする歌《うた》です。

まだラブラブだったころ、恋人《こいびと》が**右近《うこん》**さんに甘《あま》い声《こえ》でささやきました。「君《きみ》のことを愛《あい》しているよ。たとえ何《なに》があったって、この気持《きも》ちは変《か》わらない。永遠《えいえん》に君《きみ》のことを忘《わす》れたりなんかしないよ。神様《かみさま》にちかってもいいよ」

その言葉《ことば》がうれしくて、しっかりと胸《むね》に刻《きざ》んだ**右近《うこん》**さん。

それなのに、恋人《こいびと》はだんだんと逢《あ》いに来《こ》なくなって、とうとう**右近《うこん》**さんから離《はな》れていってしまいました。

そこで**右近《うこん》**さんは、〈あのとき永遠《えいえん》

#中宮穏子《ちゅうぐうおんし》 #元良親王《もとよししんのう》 #藤原敦忠《ふじわらのあつただ》 #藤原朝忠《ふじわらのあさただ》 #わすら

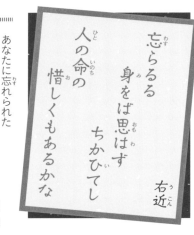

だって神様《かみさま》にちかったわよね? 約束《やくそく》を破《やぶ》ったらどうなるかわかってるの? 長生《ながい》きできると思《おも》わないでね!〉と、**〈忘《わす》らるる〉**を詠《よ》みました。

ゆびきりした約束《やくそく》を破《やぶ》られて、本当《ほんとう》に針《はり》を千本《せんぼん》プレゼントするようなおそろしさ!

震《ふる》えあがったのか、相手《あいて》からの返事《へんじ》はありませんでした。

ちなみに〈約束《やくそく》を守《まも》れなかったあなたにバチが当《あ》たらないか、心配《しんぱい》なのっ!〉とけなげな歌《うた》にも読《よ》めますが……どっちなの**右近《うこん》**さん!?

そんな**右近《うこん》**さんも恋《こい》多《おお》き女性《じょせい》です。プレイボーイの元良親王《もとよししんのう》⑳とも交際歴《こうさいれき》があり、**〈忘《わす》らるる〉**の歌《うた》を贈《おく》ったといわれるお相手《あいて》・藤原敦忠《ふじわらのあつただ》㊸も、百人《ひゃくにん》一首《いっしゅ》に登場《とうじょう》しています。

#恋《こい》 #失恋《しつれん》 #約束《やくそく》を破《やぶ》られる #天罰《てんばつ》 #大和物語《やまとものがたり》 #女房《にょうぼう》

〈ありま山《やま》〉の大弐三位《だいにのさんみ》は……
失礼《しつれい》な恋人《こいびと》に笑顔《えがお》でキレる！

ありま山《やま》
猪名《いな》のささ原《はら》
風《かぜ》吹《ふ》けば
いでそよ人《ひと》を
忘《わす》れやはする

大弐三位《だいにのさんみ》

歌《うた》の意《い》味《み》

有馬山《ありまやま》から
猪名《いな》の笹原《ささはら》へ風《かぜ》が吹《ふ》くと、
笹《ささ》がそよぐように、
そうよ、わたしの心《こころ》も
あなたにそよぐ。
どうして忘《わす》れたり
するでしょうか。

DATA
- 歌番号《うたばんごう》：58首目《しゅめ》
- 本名《ほんみょう》：藤原賢子《ふじわらのけんし》
- 活躍《かつやく》した時代《じだい》：平安《へいあん》
- 出典《しゅってん》：『後拾遺和歌集《ごしゅういわかしゅう》』

こちらも**恋人《こいびと》の心《こころ》が離《はな》れかけたとき**の歌《うた》です。

最近《さいきん》ちっとも屋敷《やしき》に来《き》てくれない恋人《こいびと》が「ぼくは君《きみ》を忘《わす》れたりなんかしてないさ。君《きみ》のほうこそ、心変《こころが》わりしてぼくのことなんか忘《わす》れたんじゃないの？」なんて連絡《れんらく》してきました。

そこで**藤原賢子《ふじわらのけんし》**は、落《お》ち着《つ》いてすっと筆《ふで》を取《と》ると**〈ありま山《やま》〉**と詠《よ》んで返《かえ》しました。

〈忘《わす》れていたのはあなたのほうでしょう。わたしはいつでもあなたをお待《ま》ちしていますよ！〉

同《おな》じように「恋人《こいびと》が来《こ》ない」シチュ

#紫式部《むらさきしきぶ》　#後冷泉天皇《ごれいぜいてんのう》　#従三位《じゅさんみ》　#序詞《じょことば》　#掛詞《かけことば》　#ありま

エーションですが、赤染衛門《あかぞめえもん》59や右近《うこん》38とは違《ちが》う、**ただ怒《おこ》るのではなく、にっこりしながら怒《おこ》るという高等《こうとう》テクニック！**

実《じつ》は**賢子《けんし》**さん、ベストセラー『源氏《げんじ》物語《ものがたり》』の作者《さくしゃ》・紫式部《むらさきしきぶ》57のひとり娘《むすめ》なのです（『源氏物語《げんじものがたり》』のラストの部《ぶ》分《ぶん》である「宇治十帖《うじじゅうじょう》」の作者《さくしゃ》とも）。

さらにお父《とう》さんは「自由《じゆう》で明《あか》るい性《せい》格《かく》」と評判《ひょうばん》の藤原宣孝《ふじわらののぶたか》。

両親《りょうしん》のいいところを受《う》けついだ**賢子《けんし》**さん。ひとり思《おも》い悩《なや》むタイプだった母《はは》・紫式部《むらさきしきぶ》とは違《ちが》う、明《あか》るくさわやかな歌《うた》を歌集《かしゅう》にのこしています。

天皇《てんのう》の乳母《うば》という貴族《きぞく》の女性《じょせい》として最高《さいこう》の地位《ちい》も手《て》に入《い》れ、長生《ながい》きして70歳過《さいす》ぎまで歌会《うたかい》にも出席《しゅっせき》し、いろいろパーフェクトな**賢子《けんし》**さんでした。

#恋《こい》 #風《かぜ》 #笹原《ささはら》 #恋人《こいびと》への返歌《へんか》 #女房《にょうぼう》 #中宮彰子《ちゅうぐうしょうし》

〈名《な》にしおは《わ》ば〉の三条右大臣《さんじょうのうだいじん》は……

会《あ》いたすぎて、メルヘンチックな歌《うた》を詠《よ》む！

名《な》にしおは《わ》ば 逢《おう》坂《さか》山《やま》の さねかづ《ず》ら
人《ひと》に知《し》られで くるよしもがな

三条右大臣《さんじょうのうだいじん》

歌《うた》の意《い》味《み》

会《あ》っていっしょに過《す》ごす
という名《な》を持《も》つ
逢坂山《おうさかやま》の
サネカズラよ。
そのツルを手繰《たぐ》って
こっそり会《あ》える
方法《ほうほう》があったらなあ。

DATA
- 歌番号《うたばんごう》：25首目《しゅめ》
- 本名《ほんみょう》：藤原定方《ふじわらのさだかた》
- 活躍《かつやく》した時代《じだい》：平安《へいあん》
- 出典《しゅってん》：『後撰和歌集《ごせんわかしゅう》』

みんなにナイショにしているので、なかなか恋人《こいびと》に会《あ》えない**藤原定方《ふじわらのさだかた》**。サネカズラという植物《しょくぶつ》をそえて、恋人《こいびと》に文《ふみ》を送《おく》ります。**〈長《なが》いツルを持《も》つサネカズラ。これをぐいっと引《ひ》っ張《ぱ》ったら、その先《さき》に君《きみ》がくっついていて、会《あ》えちゃったらいいのにな～〉**

そんな、運動会《うんどうかい》のつな引《ひ》きじゃないんですから、引《ひ》っ張《ぱ》っても誰《だれ》もいませんよ！ **会《あ》いたい気持《きも》ちがあふれて、妄想《もうそう》が暴走《ぼうそう》しかけていますね。**

お金持《かねも》ちで芸術《げいじゅつ》を愛《あい》した**定方《さだかた》**さんは、紀貫之《きのつらゆき》㉟や凡河内躬恒《おおしこうちのみつね》㉙たち友人《ゆうじん》の歌人《かじん》の活動《かつどう》を、お金《かね》をたくさん出《だ》して応援《おうえん》しました。

〈みかの原《はら》〉の中《ちゅう》納《な》言《ごん》兼《かね》輔《すけ》は……

まだ見《み》ぬ相手《あいて》にラブレターを送《おく》る！

みかの原《はら》
わきて流《なが》るる
いづ《ず》み川《がわ》
いつ見《み》きとてか
恋《こい》しかるらむ《ん》

中《ちゅう》納《な》言《ごん》兼《かね》輔《すけ》

歌《うた》の意味《いみ》

みかの原《はら》を分《わ》けて
流《なが》れる泉川《いずみがわ》の
名前《なまえ》のように、
あなたを「いつ見《み》」た
からといって、
どうしてこんなに
恋《こい》しいのだろう。

DATA

- 歌番号《うたばんごう》：27首目《しゅめ》
- 本名《ほんみょう》：藤原兼輔《ふじわらのかねすけ》
- 活躍《かつやく》した時代《じだい》：平安《へいあん》
- 出典《しゅってん》：『新古今和歌集《しんこきんわかしゅう》』

藤原兼輔《ふじわらのかねすけ》の恋《こい》する相手《あいて》は、まだ会《あ》ったことのない、顔《かお》も知《し》らない女性《じょせい》です。

〈会《あ》ってもいないけれど、どうしてこんなに君《きみ》のことが恋《こい》しいのだろう！〉と情熱的《じょうねつてき》な恋文《こいぶみ》を送《おく》りますが、もし現代《げんだい》で知《し》らない人《ひと》からこんな手紙《てがみ》をもらったら怖《こわ》い……。

平安時代《へいあんじだい》は、成人《せいじん》した男女《だんじょ》が顔《かお》を合《あ》わせることはありませんでした（偶然《ぐうぜん》ちらっと見《み》て恋《こい》に落《お》ちることはあり）。

「あそこの姫《ひめ》、美《うつく》しいらしいよ」とうわさから恋《こい》がはじまるのがあたり前《まえ》だったのです。

実際《じっさい》には会《あ》っていないのに、オンラインゲームでいっしょに戦《たたか》っている仲間《なかま》を好《す》きになるのと似《に》ているのかもしれません。

#恋《こい》　#片思《かたおも》い　#紫式部《むらさきしきぶ》　#三十六歌仙《さんじゅうろっかせん》　#序詞《じょことば》　#掛詞《かけことば》　#縁語《えんご》　#みかの

〈逢《あ》ひ《い》見《み》ての〉の権中納言敦忠《ごんちゅうなごんあつただ》は……

デートしたことを後悔《こうかい》する!?

逢《あ》ひ《い》見《み》ての
のちの心《こころ》に
くらぶれば
昔《むかし》はものを
思《おも》はざりけり

権中納言敦忠《ごんちゅうなごんあつただ》

歌《うた》の意味《いみ》

あなたと会《あ》ったあとの
この切《せつ》ない気持《きも》ちに
くらべたら、
会《あ》う前《まえ》は
何《なに》も悩《なや》んでいなかった
ようなものだなあ。

DATA

- 歌番号《うたばんごう》：43首目《しゅめ》
- 本名《ほんみょう》：藤原敦忠《ふじわらのあつただ》
- 活躍《かつやく》した時代《じだい》：平安《へいあん》
- 出典《しゅってん》：『拾遺和歌集《しゅういわかしゅう》』

会《あ》いたくて、しょんぼり。会《あ》えなくて、しょんぼり。そんな歌《うた》ばかり並《なら》ぶなか、**藤原敦忠《ふじわらのあつただ》**の**〈逢《あ》ひ《い》見《み》ての〉**は「恋人《こいびと》にやっと会《あ》えた」あとの歌《うた》です。さぞかしハッピーかと思《おも》いきや……。

〈あなたとお会《あ》いして、いっしょに時《とき》を過《す》ごし、そして朝《あさ》になって別《わか》れ別《わか》れになった今《いま》、本当《ほんとう》につらいです。それ以前《いぜん》のつらさなんて、悩《なや》んでいなかったも同《おな》じです！〉

敦忠《あつただ》さんによると、会《あ》ったあとのほうが、会《あ》う前《まえ》よりつらいそうですよ！**「会《あ》えなくてつらい」**となげいている人《ひと》たちに**「君《きみ》たちの悩《なや》みなんて、ちっ**

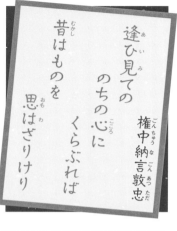

ぽけさ」とけんかを売《う》っていますね。
敦忠《あつただ》さんのお母《かあ》さんはイケメン歌《か》人《じん》・在原業平《ありわらのなりひら》⑰の娘《むすめ》だといわれています。美人《びじん》のお母《かあ》さんに似《に》て美《うつく》しく、性《せい》格《かく》もよく、歌《うた》も上手《じょうず》で楽器《がっき》、とくに琵《び》琶《わ》がすばらしく「琵琶中納言《びわちゅうなごん》」と呼《よ》ばれるほどでした。
お父《とう》さんは藤原氏《ふじわらし》が政権《せいけん》をにぎるきっかけとなった人物《じんぶつ》・藤原時平《ふじわらのときひら》。時《とき》平《ひら》がある人物《じんぶつ》をワナにおとしいれ呪《のろ》われていたせいで、**敦忠《あつただ》**さんも**「わたしは命短《いのちみじか》き一族《いちぞく》なのだ。必《かなら》ず早《はや》く死《し》んでしまうだろう」**と自分《じぶん》の未来《みらい》を予言《よげん》し、実際《じっさい》に38歳《さい》の若《わか》さで亡《な》くなりました。
恋人《こいびと》だった右近《うこん》㊳をフッて「約束《やくそく》を破《やぶ》ったら天罰《てんばつ》よ!」とうらまれたのも**敦忠《あつただ》**さんなので、ダブルで呪《のろ》われていますね……。

#恋《こい》 #やっと会《あ》えた #恋人《こいびと》への手紙《てがみ》 #後朝《きぬぎぬ》の歌《うた》 #琵琶《びわ》の名手《めいしゅ》

〈うかりける〉の源《みなもとの》俊《とし》頼《より》朝《あ》臣《そん》は……

恋《れん》愛《あい》運《うん》アップをお祈《いの》りしたのに逆《ぎゃく》効《こう》果《か》!?

うかりける
人《ひと》を初《はつ》瀬《せ》の
山《やま》おろしよ
はげしかれとは
祈《いの》らぬものを

源《みなもとの》俊《とし》頼《より》朝《あ》臣《そん》

歌《うた》の意《い》味《み》

つれないあの人《ひと》のことを
観《かん》音《のん》様《さま》に祈《いの》ったのに、
初《はつ》瀬《せ》の山《やま》から
吹《ふ》きおろす風《かぜ》よ。
はげしく冷《つめ》たくなれとは
祈《いの》らなかったのに。

DATA

- 歌番号《うたばんごう》：74首目《しゅめ》
- 本名《ほんみょう》：源俊頼《みなもとのとしより》
- 活躍《かつやく》した時代《じだい》：平安《へいあん》
- 出典《しゅってん》：『千載和歌集《せんざいわかしゅう》』

恋人《こいびと》にふられそうな源《みなもとの》俊《とし》頼《より》。会《あ》っても恋人《こいびと》の態度《たいど》が冷《つめ》たいのです。

どうしたらいいのだろう……？ と悩《なや》んで「そうだ！ 恋人《こいびと》がまたやさしくなってくれるように、長谷寺《はせでら》の観音《かんのん》様《さま》にお祈《いの》りに行《い》こう！」と、恋愛《れんあい》に関《かん》する願《ねが》いがかなうと平安女子《へいあんじょし》に大人気《だいにんき》のスポット・奈良《なら》の長谷寺《はせでら》へ出《で》かけました（不安《ふあん》な恋《こい》をしている人《ひと》がうらないに行《い》ったり、神仏《しんぶつ》にお願《ねが》いしたりするのは、いつの時代《じだい》も同《おな》じ）。

ところが、山《やま》から冬《ふゆ》のはげしく冷《つめ》たい北風《きたかぜ》が吹《ふ》いてきて、恋人《こいびと》の態度《たいど》も風《かぜ》と同《おな》じように、もっとはげしく冷《ひ》やや

#金葉和歌集撰者《きんようわかしゅうせんじゃ》 #俊恵《しゅんえ》 #題詠《だいえい》 #擬人法《ぎじんほう》 #うか

かに……!

「いやいや、冷《つめ》たくなってほしいだなんて、祈《いの》ってないのに!」

風《かぜ》に向《む》かって泣《な》きさけぶ**俊頼《としより》**さんなのでした(うらないもお祈《いの》りも、いまいち効果《こうか》があるのか謎《なぞ》なのは、いつの時代《じだい》も同《おな》じ)。

〈うかりける〉は、友人《ゆうじん》の家《いえ》で「祈《いの》っても会《あ》えない恋《こい》」のお題《だい》で詠《よ》んだときの一首《いっしゅ》です。

おだやかな**俊頼《としより》**さんは当時《とうじ》の歌人《かじん》たちのリーダーで、自由《じゆう》で新《あたら》しい歌《うた》を詠《よ》み、その歌風《かふう》は藤原俊成《ふじわらのしゅんぜい》83にも受《う》けつがれてゆきました。

桜《さくら》・牡丹《ぼたん》・あじさい・蓮《はす》と、今《いま》も季《き》節《せつ》ごとに美《うつく》しい花《はな》の咲《さ》く長谷寺《はせでら》へは、清少納言《せいしょうなごん》や紫式部《むらさきしきぶ》も訪《おとず》れ、『枕草子《まくらのそうし》』や『源氏物語《げんじものがたり》』に登場《とうじょう》しています。

#恋《こい》 #北風《きたかぜ》 #冷《つめ》たい #冬《ふゆ》 #会《あ》えない恋《こい》 #初瀬山《はつせやま》 #奈良《なら》 #長谷寺《はせでら》

〈あは《わ》れとも〉の謙徳公《けんとくこう》は……
恋人《こいびと》にふられてダダっ子《こ》になる!?

あは《わ》れとも
いふ《う》べき人《ひと》は
思《おも》ほ《お》えで
身《み》のいたづ《ず》らに
なりぬべきかな

謙徳公《けんとくこう》

おぼっちゃまで何不自由《なにふじゆう》なく育《そだ》ち、ゆったりとして華《はな》やかな性格《せいかく》の**藤原伊尹《ふじわらのこれまさ》**。妹《いもうと》の子《こ》どもが冷泉天皇《れいぜいてんのう》・円融天皇《えんゆうてんのう》になり、さらに孫《まご》が花山天皇《かざんてんのう》に。**伊尹《これまさ》さん**はスムーズに政治家《せいじか》のトップになりました。

大臣《だいじん》たちへの辛口《からくち》コメントの多《おお》い歴史書《れきししょ》『大鏡《おおかがみ》』でも「**伊尹《これまさ》**はイケメンで才能《さいのう》があって、あまりにも優《すぐ》れているので、寿命《じゅみょう》はあまり長《なが》くないでしょう。歌《うた》もとてもすばらしい」と、絶賛《ぜっさん》されるほど。

そんな素敵《すてき》な**伊尹《これまさ》**さんがふられた女性《じょせい》には〈誰《だれ》もぼくのことなんか、かわいそうだと思《おも》ってくれなくて、むなしく死《し》ぬんだ〜〉とだだっ子《こ》みたいになるとは……!

歌《うた》の意味《いみ》

かわいそうに、と言《い》ってくれそうな人《ひと》も思《おも》い浮《う》かばないまま、あなたを恋《こい》しく思《おも》いながら、むなしく死《し》んでしまうのでしょう。

DATA

- 歌番号《うたばんごう》：**45首目《しゅめ》**
- 本名《ほんみょう》：**藤原伊尹《ふじわらのこれまさ（これただ）》**
- 活躍《かつやく》した時代《じだい》：**平安《へいあん》**
- 出典《しゅってん》：**『拾遺和歌集《しゅういわかしゅう》』**

#恋《こい》 #失恋《しつれん》 #梨壺《なしつぼ》の五人《ごにん》の長官《ちょうかん》 #藤原忠平《ふじわらのただひら》 #藤原義孝《ふじわらのよしたか》 #あはれ

〈風《かぜ》をいたみ〉の源重之《みなもとのしげゆき》は……

はげしい恋心《こいごころ》をぶつけては砕《くだ》ける!?

風《かぜ》をいたみ
岩《いわ》うつ波《なみ》の
おのれのみ
くだけてものを
思《おも》ふころかな

源重之《みなもとのしげゆき》

歌《うた》の意味《いみ》

風《かぜ》がはげしいので
岩《いわ》に当《あ》たる波《なみ》が
砕《くだ》けてしまうように、
わたしだけが
心砕《こころくだ》けるほど
思《おも》い悩《なや》んでいる
このごろだなあ。

DATA

- 歌番号《うたばんごう》：48首目《しゅめ》
- 本名《ほんみょう》：源重之《みなもとのしげゆき》
- 活躍《かつやく》した時代《じだい》：平安《へいあん》
- 出典《しゅってん》：『詞花和歌集《しかわかしゅう》』

ザッパーン！　ザッパーン！　と、はげしい波《なみ》がしぶきを上《あ》げて岩《いわ》にぶつかっています（荒《あ》れた真冬《まふゆ》の海《うみ》のイメージ）。〈振《ふ》り向《む》いてくれないあなたは、ガンコな岩《いわ》のよう。ぼくはその岩《いわ》にあたって砕《くだ》け散《ち》る波《なみ》のようだ〉なんてダイナミックな片思《かたおも》いの歌《うた》でしょう！

でも**女性《じょせい》の側《がわ》から見《み》ると、岩《いわ》に例《たと》えられるのもうれしくないですし、そんなにはげしく思《おも》いをぶつけられても、迷惑《めいわく》……。**

〈風《かぜ》をいたみ〉と歌《うた》う**源重之《みなもとのしげゆき》**は、実《じつ》は百《ひゃく》人一首誕生《にんいっしゅたんじょう》の重要人物《じゅうようじんぶつ》！　**重之《しげゆき》**さんがまとめて百首詠《ひゃくしゅよ》んだ「重之百首《しげゆきひゃくしゅ》」が、「歌《うた》を百首《ひゃくしゅ》集《あつ》める」ことのはじまりといわれています。

#恋《こい》　#岩《いわ》　#波《なみ》　#片思《かたおも》い　#百首歌《ひゃくしゅうた》　#三十六歌仙《さんじゅうろっかせん》　#序詞《じょことば》　#かぜを

〈ありあけの〉の壬生忠岑《みぶのただみね》は……

夜《よ》明《あ》けの月《つき》を見《み》るたびに、失恋《しつれん》を思《おも》い出《だ》す！

ありあけの
つれなく見《み》えし
別《わか》れより
あかつきばかり
うきものはなし

壬生忠岑《みぶのただみね》

歌《うた》の意味《いみ》

有明《ありあけ》の月《つき》が冷《つめ》たく見《み》えたほどあなたがそっけない様子《ようす》で別《わか》れたときから、暁《あかつき》ほどつらいものはありません。

DATA

- 歌番号《うたばんごう》：30首目《しゅめ》
- 本名《ほんみょう》：壬生忠岑《みぶのただみね》
- 活躍《かつやく》した時代《じだい》：平安《へいあん》
- 出典《しゅってん》：『古今和歌集《こきんわかしゅう》』

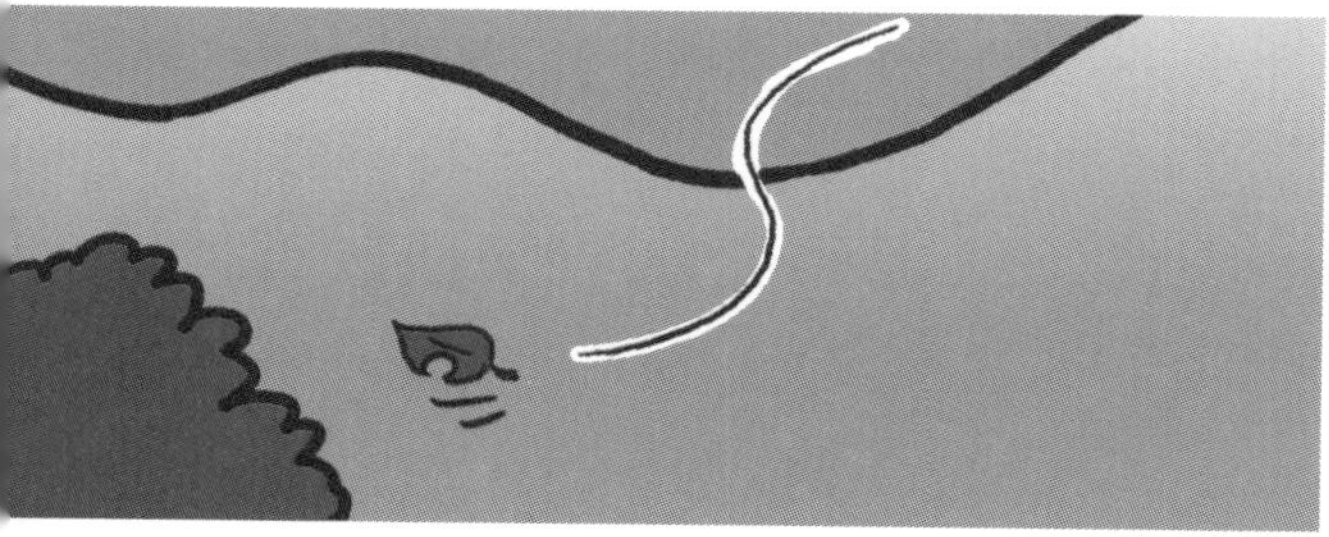

こちらは恋人《こいびと》に完全《かんぜん》にふられてしまい、しょんぼりしている壬生忠岑《みぶのただみね》。

百人一首《ひゃくにんいっしゅ》に「有明《ありあけ》の月《つき》」は四回《よんかい》も登場《とうじょう》します。男女《だんじょ》の別《わか》れのときである夜明《よあ》けの時間帯《じかんたい》に、ちょうど空《そら》に光《ひか》るのが有明《ありあけ》の月《つき》。ちなみに「月《つき》」は百人一首《ひゃくにんいっしゅ》に十一回《じゅういちかい》も出《で》てきます。

そんな夜明《よあ》けの空《そら》に消《き》えそうなうすい月《つき》を見《み》ながら、ため息《いき》をついています。

「ああ、あのクールに浮《う》かぶ明《あ》け方《がた》の月《つき》を見《み》るたびに、冷《つめ》たい恋人《こいびと》を思《おも》い出《だ》す……」

忠岑《ただみね》さんは失恋《しつれん》を引《ひ》きずるタイプの

#古今和歌集撰者《こきんわかしゅうせんじゃ》 #壬生忠見《みぶのただみ》 #大和物語《やまとものがたり》 #三十六歌仙《さんじゅうろっかせん》 #ありあ

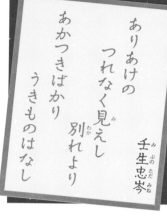

ようです。夜明《よあ》けの月《つき》を見《み》るたびに思《おも》い出《だ》しては、くよくよしています。

恋人《こいびと》にふられたとき、右近《うこん》㊳たちはぷんぷん怒《おこ》っているのに対《たい》して、**忠岑《ただみね》**さんや藤原伊尹《ふじわらのこれまさ》㊺たちは、いつまでも別《わか》れた相手《あいて》のことを思《おも》って、めそめそしています。

身分《みぶん》の低《ひく》かった**忠岑《ただみね》**さんですが、天皇《てんのう》の命令《めいれい》で作《つく》られた最初《さいしょ》の和歌集《わかしゅう》である『古今和歌集《こきんわかしゅう》』の撰者《せんじゃ》にも選《えら》ばれ、歌合《うたあわせ》でも活躍《かつやく》します。

そして何《なに》より**〈ありあけの〉**は百人一首《ひゃくにんいっしゅ》の撰者《せんじゃ》・定家《ていか》さんが大好《だいす》きな歌《うた》で「『古今和歌集《こきんわかしゅう》』のすぐれた歌《うた》は？」と聞《き》かれたときにこの歌《うた》だと答《こた》えています。

「これほどいい歌《うた》が一首《いっしゅ》でも詠《よ》めたら、この世《よ》の思《おも》い出《で》になるのにな」とまで言《い》う大好《だいす》きっぷりでした。

#恋《こい》 #月《つき》 #有明《ありあけ》の月《つき》 #夜明《よあ》け前《まえ》 #別《わか》れ #つらい

〈なげけとて〉の西行法師《さいぎょうほうし》は……

失恋《しつれん》してすべてを捨《す》てて突然《とつぜん》の出家《しゅっけ》!?

なげけとて 月《つき》やはものを 思《おも》はする
かこち顔《がお》なる わが涙《なみだ》かな

西行法師《さいぎょうほうし》

歌《うた》の意《い》味《み》

なげきなさいといって
月《つき》がもの思《おも》いを
させるのだろうか。
いや、そうではないのに
月《つき》のせいにして
こぼれ落《お》ちるわたしの涙《なみだ》よ。

DATA

- 歌番号《うたばんごう》：86首目《しゅめ》
- 本名《ほんみょう》：佐藤義清《さとうのりきよ》
- 活躍《かつやく》した時代《じだい》：平安《へいあん》
- 出典《しゅってん》：『千載和歌集《せんざいわかしゅう》』

ここにも月《つき》を見上《みあ》げながら泣《な》く人《ひと》が……。**〈なげけとて〉**とやっぱり忘《わす》れられない恋人《こいびと》のことを思《おも》って、涙《なみだ》をこぼしています。

鳥羽院《とばいん》のボディガード（強《つよ》いだけではなく、見《み》た目《め》もよくないとなれない役職《やくしょく》）で、**武士《ぶし》としての将来《しょうらい》を期待《きたい》されていた佐藤義清《さとうのりきよ》は、23歳《さい》ですべてを捨《す》てて出家《しゅっけ》します**（出家後《しゅっけご》の名前《なまえ》のひとつが**西行法師《さいぎょうほうし》**）。

好《す》きになってはいけない人《ひと》を好《す》きになったから、身近《みぢか》な人《ひと》が亡《な》くなったからなど理由《りゆう》はさておき、突然《とつぜん》すぎてみんなとてもおどろきました。

#藤原俊成《ふじわらのしゅんぜい》 #藤原実方《ふじわらのさねかた》 #カリスマ #擬人法《ぎじんほう》 #なげけ

鎌倉時代《かまくらじだい》に描《えが》かれた『西行物語絵《さいぎょうものがたりえ》巻《まき》』では、**4歳《さい》の娘《むすめ》が「お父《とう》さま、おかえりなさい！」と西行法師《さいぎょうほうし》にすがりついたところを、愛《いと》おしく思《おも》いつつも、出家《しゅっけ》のじゃまになるから、と縁側《えんがわ》から庭《にわ》に蹴落《けお》とす**というシーンも。いくら煩悩《ぼんのう》を断《た》ち切《き》るとはいえ、幼《おさな》い子《こ》に暴《ぼう》力《りょく》は絶対《ぜったい》ダメ!!

人々《ひとびと》に衝撃《しょうげき》をあたえた**西行法師《さいぎょうほうし》**ですが、出家《しゅっけ》したあとは歌枕《うたまくら》（歌《うた》に詠《よ》まれた名所《めいしょ》）をめぐる旅《たび》に出《で》ます。江戸時《えどじ》代《だい》の俳人《はいじん》・松尾芭蕉《まつおばしょう》も**西行法師《さいぎょうほうし》**にあこがれて、同《おな》じ場所《ばしょ》を旅《たび》するほどでした。〈願《ねが》はくは 花《はな》の下《もと》にて 春死《はるし》なむ《ん》 そのきさらぎの 望月《もちづき》のころ〉（桜《さくら》の花《はな》の下《した》で満月《まんげつ》のときに死《し》にたい）の歌《うた》の通《とお》りに、最期《さいご》は月《つき》と桜《さくら》に見守《みまも》られて**西行《さいぎょう》法師《ほうし》**は人生《じんせい》の旅《たび》を終《お》えたのでした。

#恋《こい》 #月《つき》 #涙《なみだ》 #北面《ほくめん》の武士《ぶし》 #西行物語絵巻《さいぎょうものがたりえまき》 #能因法師《のういんほうし》 #松尾芭蕉《まつおばしょう》

〈思《おも》ひわび〉の道《どう》因《いん》法《ほう》師《し》は……
短《たん》歌《か》に恋《こい》したクレーマー歌《か》人《じん》!?

思《おも》ひわび　さても命《いのち》は　あるものを　うきにたへ《え》ぬは　涙《なみだ》なりけり

道《どう》因《いん》法《ほう》師《し》

歌《うた》の意《い》味《み》

あなたのことを
思《おも》い悩《なや》んで
それでもどうにか
命《いのち》はあるというのに、
つらさに耐《た》えきれず
涙《なみだ》はこぼれて
しまうのです。

DATA

- 歌番号《うたばんごう》：82首目《しゅめ》
- 本名《ほんみょう》：藤原敦頼《ふじわらのあつより》
- 活躍《かつやく》した時代《じだい》：平安《へいあん》
- 出典《しゅってん》：『千載和歌集《せんざいわかしゅう》』

〈思《おも》ひわび〉と、ほろほろと泣《な》いているのは、短《たん》歌《か》が大《だい》好《す》きすぎる歌《か》人《じん》の**道《どう》因《いん》法《ほう》師《し》**。

歌合《うたあわせ》で負《ま》けた道《どう》因《いん》法《ほう》師《し》は、判定《はんてい》した藤原《ふじわらの》清輔《きよすけ》84に「この歌《うた》のどこが悪《わる》いのですか!」と手紙《てがみ》を送《おく》り、清輔《きよすけ》にいやがられます。

さらに、歌合《うたあわせ》に招待《しょうたい》されないと、「さそってほしかった!」と文句《もんく》を歌《うた》にして送《おく》りつけます。

苦情《くじょう》ばかりではなく、藤原俊成《ふじわらのしゅんぜい》83が自分《じぶん》の歌《うた》を認《みと》めてくれたのがうれしくて、死後《しご》に幽霊《ゆうれい》になってまで俊成《しゅんぜい》の夢《ゆめ》に出《で》てお礼《れい》を言《い》ったこともありました。

90歳《さい》を過《す》ぎるまで短歌一筋《たんかひとすじ》なエピソードが盛《も》りだくさんの**道《どう》因《いん》法《ほう》師《し》**なのでした。

#恋《こい》　#片思《かたおも》い　#和歌大好《わかだいす》き　#藤原清輔《ふじわらのきよすけ》　#藤原俊成《ふじわらのしゅんぜい》　#歌林苑《かりんえん》　#おも

〈夜《よ》もすがら〉の俊恵法師《しゅんえほうし》は……

恋人《こいびと》が待《ま》ち遠《どお》しくて、やつあたり!?

夜《よ》もすがら
もの思《おも》ふころは
明《あ》けやらで
ねやのひまさへ《え》
つれなかりけり

俊恵法師《しゅんえほうし》

「待《ま》つ女性《じょせい》の歌《うた》」と「片思《かたおも》いする法師《ほうし》の歌《うた》」の多《おお》い百人一首《ひゃくにんいっしゅ》ですが、**俊恵法師《しゅんえほうし》**はダブルできました！

恋人《こいびと》を待《ま》つ時間《じかん》は、いつもより長《なが》く感《かん》じられます（給食前《きゅうしょくまえ》の、4時間目終了《じかんめしゅうりょう》までのあと5分《ふん》が長《なが》く感《かん》じられるように）。

もう朝《あさ》かな？　と、とびらのほうを見《み》るとまだ暗《くら》い。さすがにもう夜明《よあ》けかな？　と見《み》てもやっぱり暗《くら》いまま……。〈何《なに》、このとびらのすき間《ま》、どうして光《ひかり》がもれてこないの？　いじわるしてるの？　このすき間《ま》め～！〉と、恋《こい》するあまり戸《と》のすき間《ま》にまでやつあたりする乙女心《おとめごころ》をリアルに表現《ひょうげん》したのでした。

歌《うた》の意味《いみ》

一晩中《ひとばんじゅう》、
冷《つめ》たいあの人《ひと》のことを
思《おも》っているこのごろは、
なかなか夜《よ》が明《あ》けず
寝室《しんしつ》の戸《と》の
すき間《ま》でさえも
つれなく思《おも》えます。

DATA
- 歌番号《うたばんごう》：85首目《しゅめ》
- 名前《なまえ》：俊恵《しゅんえ》
- 活躍《かつやく》した時代《じだい》：平安《へいあん》
- 出典《しゅってん》：『千載和歌集《せんざいわかしゅう》』

〈来《こ》ぬ人《ひと》を〉の権中納言定家《ごんちゅうなごんていか》は……

短気《たんき》な性格《せいかく》だけど、恋人《こいびと》をずっと待《ま》つ!

権中納言定家《ごんちゅうなごんていか》

来《こ》ぬ人《ひと》を
まつほの浦《うら》の
夕《ゆう》なぎに
焼《や》くや藻塩《もしお》の
身《み》もこがれつつ

歌《うた》の意味《いみ》

いつまでも来《こ》ない人《ひと》を
待《ま》っているわたしは、
松帆《まつほ》の浦《うら》の
夕凪《ゆうなぎ》のときに焼《や》く
藻塩《もしお》のように、
あなたへの思《おも》いに
身《み》を焦《こ》がしています。

DATA

- 歌番号《うたばんごう》:97首目《しゅめ》
- 本名《ほんみょう》:藤原定家《ふじわらのていか(さだいえ)》
- 活躍《かつやく》した時代《じだい》:平安《へいあん》~鎌倉《かまくら》
- 出典《しゅってん》:『新勅撰和歌集《しんちょくせんわかしゅう》』

百人一首《ひゃくにんいっしゅ》の撰者《せんじゃ》・**藤原定家**《ふじわらのていか》も「待《ま》つ女性《じょせい》」の気持《きも》ちになって詠《よ》んでいます。風《かぜ》のないじりじりと暑《あつ》い海岸《かいがん》で、誰《だれ》かをずっと待《ま》っています。

定家《ていか》さんは『明月記《めいげつき》』という日記《にっき》を書《か》いていました。19歳《さい》から74歳《さい》まで、五十六年間《ごじゅうろくねんかん》も! 体《からだ》が弱《よわ》く(とくに呼吸器系《きゅうきけい》)怒《おこ》りんぼうだった**定家**《ていか》さんの様子《ようす》が、細《こま》かく記《しる》されています。

父《ちち》・俊成《しゅんぜい》83とけんかし、大事《だいじ》な行事《ぎょうじ》の最中《さいちゅう》に年下《としした》の同僚《どうりょう》と言《い》い争《あらそ》いになりカッとなって暴行事件《ぼうこうじけん》を起《お》こし(そばにあった灯《あか》りの棒《ぼう》で相手《あいて》の顔《かお》を殴《なぐ》った)、後鳥羽院《ごとばいん》99とけんかして絶交《ぜっこう》され……。

恋《こい》の歌《うた》も多《おお》くありますが、「自分《じぶん》は恋愛《れんあい》は苦手《にがて》だけれど、在原業平《ありわらのなりひら》⑰になった気持《きも》ちで詠《よ》むといいよ!」と弟《で》子《し》にアドバイスしています。

そんな**定家《ていか》**さんの代表作《だいひょうさく》として、当《とう》時《じ》の人《ひと》たちに絶賛《ぜっさん》された〈見渡《みわた》せば 花《はな》も紅葉《もみじ》も なかりけり 浦《うら》の苫屋《とまや》の 秋《あき》の夕暮《ゆうぐれ》〉がありました。

でもなぜか百人一首《ひゃくにんいっしゅ》に**〈来《こ》ぬ人《ひと》を〉**を撰《えら》んだのでした。

定家《ていか》さんが待《ま》ち続《つづ》けていたのは、けんか別《わか》れした後鳥羽院《ごとばいん》? それとも秘《ひ》密《みつ》の恋《こい》のお相手《あいて》?

『伊勢物語《いせものがたり》』『土佐日記《とさにっき》』『更級日記《さらしなにっき》』など、平安文学《へいあんぶんがく》の多《おお》くを**定家《ていか》**さんは書《か》き写《うつ》しました。二〇一九年《にせんじゅうくねん》に**定家《ていか》**さんの写本《しゃほん》『源氏物語《げんじものがたり》』の「若紫《わかむらさき》」が発見《はっけん》されてニュースになりました。

#恋《こい》 #凪《なぎ》 #藻塩《もしお》 #待《ま》つ #歌合《うたあわせ》 #藤原俊成《ふじわらのしゅんぜい》 #後鳥羽院《ごとばいん》

〈みかき守《もり》〉の大中臣能宣朝臣《おおなかとみのよしのぶあそん》は……

恋心《こいごころ》を危険《きけん》な火《ひ》に例《たと》える!?

みかき守《もり》
衛士《えじ》のたく火《ひ》の
夜《よる》は燃《も》え
昼《ひる》は消《き》えつつ
ものをこそ思《おも》へ

大中臣能宣朝臣《おおなかとみのよしのぶあそん》

歌《うた》の意味《いみ》

宮中《きゅうちゅう》の門《もん》を守《まも》る
兵士《へいし》たちの焚《た》く
かがり火《び》のように、
わたしの心《こころ》も
夜《よる》は燃《も》え、
昼《ひる》は消《き》えるほど
思《おも》い悩《なや》んでいる。

DATA

- 歌番号《うたばんごう》：49首目《しゅめ》
- 本名《ほんみょう》：大中臣能宣《おおなかとみのよしのぶ》
- 活躍《かつやく》した時代《じだい》：平安《へいあん》
- 出典《しゅってん》：『詞花和歌集《しかわかしゅう》』

〈門《もん》を照《て》らす炎《ほのお》のように、夜《よる》は激《はげ》しく燃《も》えるけど、昼《ひる》は消《き》えそうなものはな〜んだ？……答《こた》えはぼくの恋心《こいごころ》さ〉と、なぞなぞみたいな**大中臣能宣《おおなかとみのよしのぶ》**の**〈みかき守《もり》〉**。

「かがり火《び》」は、鉄製《てつせい》のかごに松《まつ》などの薪《たきぎ》を入《い》れて燃《も》やす照明器具《しょうめいきぐ》です。

電気《でんき》のない平安時代《へいあんじだい》は、**火《ひ》が身近《みぢか》にたくさんあったので、よく火事《かじ》が起《お》きました。**

うっかり灯《あか》りを倒《たお》した、カミナリが落《お》ちた、だけではなく、どろぼうが盗《ぬす》みをしたあと、**証拠《しょうこ》を消《け》すために火《ひ》をつけてゆくことが多《おお》かったのです。**

恋心《こいごころ》はいくら燃《も》えてもいいけれど、実際《じっさい》の火《ひ》には要注意《ようちゅうい》です！

#恋《こい》　#三十六歌仙《さんじゅうろっかせん》　#梨壺《なしつぼ》の五人《ごにん》　#伊勢神宮《いせじんぐう》　#序詞《じょことば》　#みかき

〈見《み》せばやな〉の殷《いん》富《ぷ》門《もん》院《いんの》大《たい》輔《ふ》は……

失《しつ》恋《れん》して血《ち》の涙《なみだ》を流《なが》す!?

見《み》せばやな
雄《お》島《じま》のあまの
そでだにも
ぬれにぞぬれし
色《いろ》はかはらず

殷《いん》富《ぷ》門《もん》院《いんの》大《たい》輔《ふ》

歌《うた》の意《い》味《み》

お見《み》せしましょうか?
血《ち》の涙《なみだ》で
色《いろ》の変《か》わった袖《そで》を。
あの雄《お》島《じま》の
漁《りょう》師《し》の袖《そで》でさえ、
どんなに
ぬれにぬれても
色《いろ》は変《か》わらないのに。

DATA

- 歌番号《うたばんごう》:90首目《しゅめ》
- 名前《なまえ》:殷富門院大輔《いんぷもんいんのたいふ》
- 活躍《かつやく》した時代《じだい》:平安《へいあん》~鎌倉《かまくら》
- 出典《しゅってん》:『千載和歌集《せんざいわかしゅう》』

「お見《み》せしましょうか?」と言《い》われて、何《なに》かステキなものでも見《み》せてくれるかと思《おも》いきや、**ばっと差《さ》し出《だ》されたのは血《ち》に染《そ》まった袖《そで》!! ギャーッと叫《さけ》んでしまいそうな**、ホラーな**〈見《み》せばやな〉**です。

さんざん涙《なみだ》でぬれた袖《そで》は見《み》てきましたが、**「三日三晩泣《みっかみばんな》いて、涙《なみだ》がかれて血《ち》が流《なが》れる」**とパワーアップ(?)しています。

この歌《うた》は四十年《よんじゅうねん》以上《いじょう》昔《むかし》に詠《よ》まれた源重之《みなもとのしげゆき》の㊽の歌《うた》への返事《へんじ》として歌合《うたあわせ》で詠《よ》まれました。

時《とき》を超《こ》えたやりとり、メッセージボトルにお返事《へんじ》を書《か》くようでロマンティック……にも思《おも》えますが、やっぱり血《ち》だらけの袖《そで》は怖《こわ》いです……。

#恋《こい》　#涙《なみだ》　#袖《そで》がぬれる　#歌合《うたあわせ》　#千首大輔《せんしゅたいふ》　#歌林苑《かりんえん》　#みせ

コラム column

おしえて！定家《ていか》さん

③教科書《きょうかしょ》に載《の》っている歌人《かじん》

百人一首《ひゃくにんいっしゅ》の歌《うた》は、**いつの時代《じだい》に詠《よ》まれたものなの**？

主《おも》に平安時代《へいあんじだい》だね。一首目《いっしゅめ》の天智天皇《てんじてんのう》（172ページ）は飛鳥時代《あすかじだい》、百首目《ひゃくしゅめ》の順徳院《じゅんとくいん》（66ページ）は鎌倉時代《かまくらじだい》だから、**約五百八十年《やくごひゃくはちじゅうねん》の間《あいだ》に活躍《かつやく》した人《ひと》の歌《うた》が撰《えら》ばれている**よ。
そのうちの約四百年間《やくよんひゃくねんかん》が、
貴族《きぞく》たちが政治《せいじ》や文化《ぶんか》の中心《ちゅうしん》にいた平安時代《へいあんじだい》にあたるよ。

歴史《れきし》の教科書《きょうかしょ》で見《み》たことがある人《ひと》がいるけど、同《おな》じ人《ひと》？

そうだよ！
歴史上《れきしじょう》でも活躍《かつやく》した人物《じんぶつ》の歌《うた》がたくさん取《と》りあげられているのも百人一首《ひゃくにんいっしゅ》の特徴《とくちょう》のひとつだね。
６４５年《ねん》に**「大化《たいか》の改新《かいしん》」**を行《おこな》った**中大兄皇子《なかのおおえのおうじ》**（172ページ）
８９４年《ねん》に**「遣唐使《けんとうし》を廃止《はいし》」**した**菅原道真《すがわらのみちざね》**（110ページ）
９０５年《ねん》に**『古今和歌集《こきんわかしゅう》』**を編《へん》さんした**紀貫之《きのつらゆき》**（154ページ）
１１５６年《ねん》に**「保元《ほうげん》の乱《らん》」**を起《お》こした**崇徳上皇《すとくじょうこう》**（64ページ）
１２０３年《ねん》に**「鎌倉幕府三代将軍《かまくらばくふさんだいしょうぐん》」**になった**源《みなもとの》 実朝《さねとも》**（32ページ）
１２２１年《ねん》に**「承久《じょうきゅう》の乱《らん》」**を起《お》こした**後鳥羽上皇《ごとばじょうこう》**（22ページ）
などが詠《よ》んだ歌《うた》が撰《えら》ばれているよ。

国語《こくご》の教科書《きょうかしょ》で見《み》たことのある人《ひと》もいるよ！

そうだね。**平安文学《へいあんぶんがく》の代表的《だいひょうてき》な作者《さくしゃ》**もたくさんいるよ！
最初《さいしょ》の歌物語《うたものがたり》**『伊勢物語《いせものがたり》』**の主人公《しゅじんこう》である**在原業平《ありわらのなりひら》**（76ページ）
最初《さいしょ》のかな日記《にっき》**『土佐日記《とさにっき》』**の作者《さくしゃ》である**紀貫之《きのつらゆき》**（154ページ）
最初《さいしょ》の随筆文学《ずいひつぶんがく》**『枕草子《まくらのそうし》』**の作者《さくしゃ》である**清少納言《せいしょうなごん》**（124ページ）
恋愛日記《れんあいにっき》**『和泉式部日記《いずみしきぶにっき》』**の作者《さくしゃ》である**和泉式部《いずみしきぶ》**（136ページ）
長編《ちょうへん》の物語《ものがたり》**『源氏物語《げんじものがたり》』**の作者《さくしゃ》である**紫式部《むらさきしきぶ》**（118ページ）
などが詠《よ》んだ歌《うた》が撰《えら》ばれているんだ。

― 4章《しょう》 ―

仕《し》事《ごと》で しょんぼり

〈わたの原《はら》・や〉の参議篁《さんぎたかむら》は……

上司《じょうし》のパワハラに反抗《はんこう》して、島流《しまなが》しにされる!?

わたの原《はら》
八十島《やそしま》かけて
こぎいでぬと
人《ひと》には告《つ》げよ
あまのつり舟《ぶね》

参議篁《さんぎたかむら》

歌《うた》の意味《いみ》

広《ひろ》くてはてしない海原《うなばら》を
たくさんの島々《しまじま》を
めざしてわたしは
こぎ出《だ》していったと
都《みやこ》の人《ひと》に伝《つた》えておくれ、
漁師《りょうし》のつり舟《ぶね》よ。

DATA

- 歌番号《うたばんごう》：11首目《しゅめ》
- 本名《ほんみょう》：小野篁《おののたかむら》
- 活躍《かつやく》した時代《じだい》：平安《へいあん》
- 出典《しゅってん》：『古今和歌集《こきんわかしゅう》』

優秀《ゆうしゅう》さを認《みと》められて選《えら》ばれるのはうれしいけれど、たどり着《つ》くまでがとっても危険《きけん》で不安《ふあん》な「遣唐使《けんとうし》」。**小野篁《おののたかむら》**もすばらしい漢詩《かんし》の才能《さいのう》が認《みと》められて遣唐使《けんとうし》のサブリーダーになりました。

しかし！　一度目《いちどめ》は船《ふね》が壊《こわ》れ失敗《しっぱい》。二度目《にどめ》は長崎《ながさき》に漂着《ひょうちゃく》して失敗《しっぱい》。「二度《にど》あることは三度《さんど》ある」……ではなく「三度目《さんどめ》の正直《しょうじき》」だ！　と準備《じゅんび》をしていたところ、リーダーの乗《の》る船《ふね》に壊《こわ》れている部分《ぶぶん》が見《み》つかり、篁《たかむら》さんの乗《の》る船《ふね》と交換《こうかん》しなさい、と命令《めいれい》されます。

#文章生《もんじょうしょう》　#小野妹子《おののいもこ》　#閻魔大王《えんまだいおう》　#擬人法《ぎじんほう》　#わたのはら・や

本書をお買い上げいただき、誠にありがとうございました。
質問にお答えいただけたら幸いです。

◎ご購入いただいた本のタイトルをご記入ください。

『　　　　　　　　　　　　　　　　　　　　　　　　　』

★著者へのメッセージ、または本書のご感想をお書きください。

●本書をお求めになった動機は？
①著者が好きだから　②タイトルにひかれて　③テーマにひかれて
④カバーにひかれて　⑤帯のコピーにひかれて　⑥新聞で見て
⑦インターネットで知って　⑧売れてるから／話題だから
⑨役に立ちそうだから

生年月日	西暦　　年　　月　　日（　　歳）男・女			
ご職業	①学生	②教員・研究職	③公務員	④農林漁業
	⑤専門・技術職	⑥自由業	⑦自営業	⑧会社役員
	⑨会社員	⑩専業主夫・主婦	⑪パート・アルバイト	
	⑫無職	⑬その他（　　　　）		

このハガキは差出有効期間を過ぎても料金受取人払でお送りいただけま
ご記入いただきました個人情報については、許可なく他の目的で使用
ることはありません。ご協力ありがとうございました。

郵便はがき

料金受取人払郵便

代々木局承認

1938

差出有効期間
2022年10月4日
まで

1 5 1 8 7 9 0

203

東京都渋谷区千駄ヶ谷 4-9-7

（株）幻冬舎

書籍編集部宛

1518790203

ご住所　〒

都・道
府・県

フリガナ
お名前

メール

インターネットでも回答を受け付けております
ttps://www.gentosha.co.jp/e/

面のご感想を広告等、書籍の PR に使わせていただく場合がございます。

冬舎より、著者に関する新しいお知らせ・小社および関連会社、広告主からのご案
送付することがあります。不要の場合は右の欄にレ印をご記入ください。

不要 □

「ただでさえ危険《きけん》なのに、はじめから壊《こわ》れた船《ふね》なんてヤダ！」とクレームを入《い》れますが「もう会議《かいぎ》で決《き》まったことだから」と受《う》け入《い》れられず。

怒《おこ》った**篁**《たかむら》さんは、**仮病《けびょう》で乗船拒否《じょうせんきょひ》したあげく、遣唐使《けんとうし》に文句《もんく》をつける詩《し》まで作《つく》り（才能《さいのう》の間違《まちが》った使《つか》い方《かた》）、そのことで嵯峨上皇《さがじょうこう》は大激怒《だいげきど》!!**

死刑《しけい》にはならなかったものの、島流《しまなが》しにされることになりました。

〈わたの原《はら》〉と〈ひどい目《め》にはあったけれど、勇敢《ゆうかん》に島《しま》に流《なが》されてゆくことをみなに伝《つた》えておくれ〉と漁師《りょうし》に頼《たの》む**篁**《たかむら》さん。

島《しま》でもすばらしい詩《し》を作《つく》り（正《ただ》しい才能《さいのう》の使《つか》い方《かた》）、優秀《ゆうしゅう》だったおかげで無事《ぶじ》二年後《にねんご》に都《みやこ》に戻《もど》り、しっかり出世《しゅっせ》しました。

#旅《たび》　#遣唐使《けんとうし》　#仮病《けびょう》　#パワハラ　#嵯峨上皇《さがじょうこう》　#島流《しまなが》し

〈天《あま》つ風《かぜ》〉の僧正遍昭《そうじょうへんじょう》は……

親身《しんみ》に仕《つか》えていた主《あるじ》を亡《な》くし、出家《しゅっけ》する！

天《あま》つ風《かぜ》　雲《くも》のかよひ路《じ》　吹《ふ》きとぢよ　をとめの姿《すがた》　しばしとどめむ

僧正遍昭《そうじょうへんじょう》

歌《うた》の意味《いみ》

空《そら》を吹《ふ》く風《かぜ》よ、
雲《くも》の中《なか》の通《とお》り道《みち》を
吹《ふ》き閉《と》じておくれ。
天女《てんにょ》のように
美《うつく》しい舞姫《まいひめ》たちを、
もうしばらく
見《み》ていたいから。

DATA
● 歌番号《うたばんごう》：12首目《しゅめ》
● 本名《ほんみょう》：良岑宗貞《よしみねのむねさだ》
● 活躍《かつやく》した時代《じだい》：平安《へいあん》
● 出典《しゅってん》：『古今和歌集《こきんわかしゅう》』

「お坊《ぼう》さんなのに、舞姫《まいひめ》を見《み》ながら〈天女《てんにょ》たちの帰《かえ》る空《そら》の道《みち》をふさいでしまってくれ、雲《くも》よ〉とかいってデレデレしてる」と誤解《ごかい》されがちな**僧正遍昭**《そうじょうへんじょう》。**〈天つ風〉**《あまかぜ》は、**僧正遍昭**《そうじょうへんじょう》がまだお坊《ぼう》さんになる前《まえ》の、**良岑宗貞**《よしみねのむねさだ》だった若《わか》いころに詠《よ》まれた歌《うた》なのに……。

宗貞《むねさだ》さんは、天皇《てんのう》の孫《まご》＆さわやかイケメンで人気者《にんきもの》。モテモテだけれどまじめなので、あちらこちらの女性《じょせい》に声《こえ》をかけたりせず、三人《さんにん》の妻《つま》を大事《だいじ》にします。若《わか》くして出世《しゅっせ》したエリートで、仁明天皇《にんみょうてんのう》にかわいがられていました（プロフィールが完璧《かんぺき》！）。

#素性法師《そせいほうし》　#六歌仙《ろっかせん》　#三十六歌仙《さんじゅうろっかせん》　#ぼうず　#あまつ

しかし、全力《ぜんりょく》を注《そそ》いでお仕《つか》えしていた仁明天皇《にんみょうてんのう》が突然《とつぜん》亡《な》くなると、葬儀《そうぎ》を見届《みとど》けたあとそのまま比叡山《ひえいざん》に入《はい》り、髪《かみ》の毛《け》をそって出家《しゅっけ》してしまいます。まだ35歳《さい》でした。

とはいえ出家後《しゅっけご》も陽成院《ようぜいいん》⑬に呼《よ》び出され、天皇《てんのう》の健康《けんこう》などを祈《いの》る僧《そう》として活躍《かつやく》。さらに仁明天皇《にんみょうてんのう》の息子《むすこ》の光孝天皇《こうこうてんのう》⑮にも信頼《しんらい》されて働《はたら》きます。

小野小町《おののこまち》⑨と歌《うた》のやり取《と》りをしたり、光孝天皇《こうこうてんのう》と徹夜《てつや》で語《かた》り合《あ》ったり、息子《むすこ》の素性法師《そせいほうし》㉑を無理《むり》やり出家《しゅっけ》させたり、70歳《さい》を祝《いわ》うパーティを開《ひら》いてもらったり、歌人《かじん》としても、宮中《きゅうちゅう》でも活躍《かつやく》。僧侶《そうりょ》のトップ「僧正《そうじょう》」にもなりました。

出家後《しゅっけご》もパーフェクトで優秀《ゆうしゅう》な**宗貞《むねさだ》**さんでした。

#雑《ぞう》 #風《かぜ》 #五節《ごせち》の舞姫《まいひめ》 #豊明節会《とよあかりのせちえ》 #仁明天皇《にんみょうてんのう》 #光孝天皇《こうこうてんのう》

〈このたびは〉の菅家《かんけ》は……
ワナにはめられて都《みやこ》から追放《ついほう》される！

このたびは
ぬさもとりあへ《え》ず
手向山《たむけやま》
もみぢ《じ》のにしき
神《かみ》のまにまに
菅家《かんけ》

歌《うた》の意味《いみ》

今回《こんかい》の旅《たび》は
お供《そな》え物《もの》も
用意《ようい》していません。
手向山《たむけやま》の錦織《にしきおり》のような
紅葉《もみじ》を供《そな》えます。
神様《かみさま》のお心《こころ》のまま
お納《おさ》めください。

DATA
- 歌番号《うたばんごう》：24首目《しゅめ》
- 本名《ほんみょう》：菅原道真《すがわらのみちざね》
- 活躍《かつやく》した時代《じだい》：平安《へいあん》
- 出典《しゅってん》：『古今和歌集《こきんわかしゅう》』

十月《じゅうがつ》、**菅原道真《すがわらのみちざね》**は宇多上皇《うだじょうこう》（光孝天皇《こうこうてんのう》の息子《むすこ》）のお供《とも》をして奈良《なら》へ出《で》かけました。急《きゅう》に予定《よてい》が変更《へんこう》され、道《みち》の神様《かみさま》へ供《そな》える「ぬさ（布《ぬの》を細《ほそ》く切《き》って棒《ぼう》にはさんだもの）」が足《た》りない……！　そこで〈代《か》わりに目《め》の前《まえ》の美《うつく》しい紅葉《もみじ》をお供《そな》えしますね〉と**〈このたびは〉**と詠《よ》み、アクシデントを乗《の》り切《き》りました。学者《がくしゃ》である**道真《みちざね》**さんの頭《あたま》の回転《かいてん》の速《はや》さがわかるエピソードです。

道真《みちざね》さんのライバル・藤原時平《ふじわらのときひら》は、**活躍《かつやく》する道真《みちざね》さんを、ワナにはめます。道真《みちざね》さんは無実《むじつ》の罪《つみ》で大宰府《だざいふ》に追放《ついほう》され、衣食《いしょく》も不十分《ふじゅうぶん》ななか亡《な》くなりました。このときから時平一族《ときひらいちぞく》への呪《のろ》いがはじまったのです。**

#旅《たび》　#紅葉《もみじ》　#宇多天皇《うだてんのう》　#藤原時平《ふじわらのときひら》　#遣唐使廃止《けんとうしはいし》　#学問《がくもん》の神様《かみさま》　#この

〈小《お》倉《ぐら》山《やま》〉の貞信公《ていしんこう》は……

兄《あに》がけんかしている間《あいだ》に出世《しゅっせ》する！

小《お》倉《ぐら》山《やま》
みねのもみぢ《じ》葉《ば》
心《こころ》あらば
今《いま》ひとたびの
みゆき待《ま》たなむ《ん》
貞《てい》信《しん》公《こう》

九月《くがつ》、**藤原忠平**《ふじわらのただひら》は宇多法皇《うだほうおう》のお供《とも》をして嵯峨《さが》の大堰川《おおいがわ》へ出《で》かけました。

あれ？ さっきも同《おな》じような場面《ばめん》が……。

そう**〈小倉山《おぐらやま》〉**も、宇多法皇《うだほうおう》（出家《しゅっけ》して上皇《じょうこう》から法皇《ほうおう》に）の旅行中《りょこうちゅう》に詠《よ》まれました。

紅葉《もみじ》を見《み》せたい天皇《てんのう》とは、法皇《ほうおう》の息子《むすこ》の醍醐天皇《だいごてんのう》のこと。**忠平**《ただひら》さんの兄《あに》の時平《ときひら》は「道真《みちざね》㉔は醍醐天皇《だいごてんのう》をやめさせて、次《つぎ》の天《てん》皇《のう》を操《あやつ》ろうとしています」と醍醐天皇《だいごてんのう》にウソをささやき、道真《みちざね》を都《みやこ》から追《お》い出《だ》しました。

時平《ときひら》のワナにはめられた道真《みちざね》。道真《みちざね》に呪《のろ》われ一族《いちぞく》が不幸《ふこう》になった時平《ときひら》。そこで道真《みちざね》とも仲《なか》がよく呪《のろ》われなかった忠平《ただひら》さんが棚《たな》からぼたもちでぐんぐん出世《しゅっせ》したのでした。

歌《うた》の意味《いみ》

小倉山《おぐらやま》の峰《みね》の紅葉《もみじ》よ。
もし心《こころ》を
持《も》っているならば、
もう一度《いちど》天皇《てんのう》が
いらっしゃるまで
美《うつく》しいまま
待《ま》っていておくれ。

DATA
- 歌番号《うたばんごう》：26首目《しゅめ》
- 本名《ほんみょう》：藤原忠平《ふじわらのただひら》
- 活躍《かつやく》した時代《じだい》：平安《へいあん》
- 出典《しゅってん》：『拾遺和歌集《しゅういわかしゅう》』

#雑《ぞう》・秋《あき》 #紅葉《もみじ》 #宇多法皇《うだほうおう》 #醍醐天皇《だいごてんのう》 #藤原時平《ふじわらのときひら》 #菅原道真《すがわらのみちざね》 #をぐ

〈かささぎの〉の中納言家持《ちゅうなごんやかもち》は……

元号《げんごう》「令和《れいわ》」の由来《ゆらい》になりそびれる！

かささぎの
わたせる橋《はし》に
おく霜《しも》の
白《しろ》きを見《み》れば
夜《よ》ぞふけにける

中納言家持《ちゅうなごんやかもち》

歌《うた》の意味《いみ》

天《あま》の川《がわ》にかささぎが渡《わた》す
白《しろ》い橋《はし》のように、
宮中《きゅうちゅう》にある橋《はし》に
霜《しも》が降《お》りて
白《しろ》くなっていると
夜《よる》もすっかり
ふけたのだなあ。

DATA

- 歌番号《うたばんごう》：6首目《しゅめ》
- 本名《ほんみょう》：大伴家持《おおとものやかもち》
- 活躍《かつやく》した時代《じだい》：奈良《なら》
- 出典《しゅってん》：『新古今和歌集《しんこきんわかしゅう》』

真《ま》っ白《しろ》な霜《しも》が降《お》りるほど、寒《さむ》い寒《さむ》い夜《よる》。〈まるで七夕伝説《たなばたでんせつ》の、織姫《おりひめ》と彦星《ひこぼし》を出会《であ》わせてくれるカササギの橋《はし》のようだよ〉と目《め》をキラキラさせている**大伴家持《おおとものやかもち》**。あたたかい季節《きせつ》を思《おも》い出《だ》して、寒《さむ》さを忘《わす》れる作戦《さくせん》でしょうか（カイロをさし入《い》れしてあげたい）。

現存《げんぞん》する最古《さいこ》の歌集《かしゅう》である『万葉集《まんようしゅう》』を、最終的《さいしゅうてき》に編集《へんしゅう》したといわれる**家持《やかもち》**さん。『万葉集《まんようしゅう》』に四百七十三首《よんひゃくななじゅうさんしゅ》も作品《さくひん》が載《の》っています（四千五百三十六首収録《よんせんごひゃくさんじゅうろくしゅしゅうろく》なので、一割以上《いちわりいじょう》が**家持《やかもち》**さんの歌《うた》）。

平成三十年五月一日《へいせいさんじゅうねんごがつついたち》、『万葉集《まんようしゅう》』を

#万葉集《まんようしゅう》　#大伴旅人《おおとものたびと》　#三十六歌仙《さんじゅうろっかせん》　#見立《みた》て　#かさ

由来《ゆらい》とする新《あたら》しい元号《げんごう》「令和《れいわ》」が発表《はっぴょう》されました。確認《かくにん》できるかぎり今《いま》までの元号《げんごう》は、中国《ちゅうごく》で書《か》かれた書物《しょもつ》から選《えら》ばれていたので、日本《にほん》の書物《しょもつ》からははじめてのことです。

十首《じっしゅ》に一首《いっしゅ》以上《いじょう》は**家持**《やかもち》さんの歌《うた》なので、**「令和《れいわ》」も家持《やかもち》さんの歌《うた》から？と思《おも》いきや、引用《いんよう》された部分《ぶぶん》はお父《とう》さんの大伴旅人《おおとものたびと》が書《か》いた**といわれる

初春《しょしゅん》の**令**月《れいげつ》にして、気淑《きよ》く風**和**《かぜやわら》ぐ。梅《うめ》は鏡前《きょうぜん》の粉《ふん》を披《ひら》き、蘭《らん》は珮後《ばいご》の香《こう》を薫《かお》らす。

という「梅花《ばいか》の歌三十二首《うたさんじゅうにしゅ》 并《あわ》せて序《じょ》」からでした……。

〈かささぎの〉も『万葉集《まんようしゅう》』には載《の》っていない歌《うた》で、本当《ほんとう》の作者《さくしゃ》は家持《やかもち》さんではないといわれています。

#冬《ふゆ》 #霜《しも》 #七夕伝説《たなばたでんせつ》 #星《ほし》 #天《あま》の川《がわ》 #カササギ #平城京《へいじょうきょう》

〈ひさかたの〉の紀《きの》友《とも》則《のり》は……

歌《か》集《しゅう》の完《かん》成《せい》間《ま》近《ぢか》で寿《じゅ》命《みょう》がつきる！

ひさかたの
光《ひかり》のどけき
春《はる》の日《ひ》に
しづ心《ごころ》なく
花《はな》の散《ち》るらむ

紀《きの》友《とも》則《のり》

歌《うた》の意《い》味《み》

日《ひ》の光《ひかり》が
のどかな春《はる》の日《ひ》に、
どうして落《お》ち着《つ》いた
心《こころ》もなく
桜《さくら》は散《ち》っていって
しまうのだろう。

DATA

- **歌番号《うたばんごう》**：33首目《しゅめ》
- **本名《ほんみょう》**：紀友則《きのとものり》
- **活躍《かつやく》した時代《じだい》**：平安《へいあん》
- **出典《しゅってん》**：『古今和歌集《こきんわかしゅう》』

百人一首《ひゃくにんいっしゅ》人気《にんき》ランキングで、ナンバーワンをゲットすることの多《おお》い**〈ひさかたの〉**。

光《ひかり》をあびながら散《ち》ってゆく桜《さくら》の花《はな》びらの美《うつく》しさ。春《はる》になるたびに口《くち》ずさみたくなる歌《うた》です。

宇多天皇《うだてんのう》の時代《じだい》に歌人《かじん》として活躍《かつやく》した**紀友則《きのとものり》**。仕事《しごと》のほうはといえば……。

友則《とものり》さんは出世《しゅっせ》することができず、40歳《さい》を過《す》ぎても地位《ちい》が低《ひく》いままでした。

宇多天皇《うだてんのう》がかわいがっていたのは、菅原道真《すがわらのみちざね》㉔と藤原時平《ふじわらのときひら》のふたりだったのです。

時平《ときひら》はそんな友則《とものり》さんに〈どうして

#紀貫之《きのつらゆき》　#三十六歌仙《さんじゅうろっかせん》　#枕詞《まくらことば》　#擬人法《ぎじんほう》　#ひさ

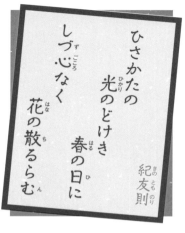

花《はな》が咲《さ》かないまま40年《ねん》以上《いじょう》過《す》ぎたの?〉と歌《うた》で尋《たず》ねます(まじめにがんばっている相手《あいて》に対《たい》して、質問《しつもん》が直球《ちょっきゅう》すぎる!)。

それに対《たい》して友則《とものり》さんは〈どうせわたしは花《はな》の咲《さ》かない木《き》ですからね〉とふてくされた返歌《へんか》をしています。

そんなやりとりのあとで、やっと出世《しゅっせ》した友則《とものり》さん。さらに醍醐天皇《だいごてんのう》の命令《めいれい》により、いとこの紀貫之《きのつらゆき》㉟たちといっしょに、最初《さいしょ》の勅撰和歌集《ちょくせんわかしゅう》(天皇《てんのう》の命令《めいれい》によって作《つく》られた歌集《かしゅう》)である『古今和歌集《こきんわかしゅう》』を撰《えら》ぶことになりました!

しかし友則《とものり》さんは、『古今和歌集《こきんわかしゅう》』が完成《かんせい》する前《まえ》に亡《な》くなりました。

やっと咲《さ》いたと思《おも》ったら、すぐに散《ち》ってしまう花《はな》のように……。

SYONBORI HYAKUNIN ISSHU

#春《はる》 #桜《さくら》 #人気《にんき》ナンバーワン #散《ち》る #日《ひ》の光《ひかり》 #古今和歌集撰者《こきんわかしゅうせんじゃ》

〈ちぎりおきし〉の藤原《ふじわらの》基俊《もととし》は……

息子《むすこ》を出世《しゅっせ》させようとしたけど失敗《しっぱい》！

ちぎりおきし
させもがつゆを
命《いのち》にて
あはれ今年《ことし》の
秋《あき》もいぬめり

藤原基俊《ふじわらのもととし》

藤原基俊《ふじわらのもととし》は、せっかくイケてる藤原家《ふじわらけ》の出身《しゅっしん》なのに、なぜかあまりえらくなれませんでした。歌人《かじん》としてのエピソードも歌合《うたあわせ》で失敗《しっぱい》したものばかり。

兄《あに》も、兄《あに》の息子《むすこ》も出世《しゅっせ》したのに……。せめて僧《そう》になった息子《むすこ》だけは！　と藤原《ふじわらの》忠道《ただみち》76に**「どうか、息子《むすこ》をよろしくお願《ねが》いします！」**とこっそり裏《うら》で頼《たの》みこむと、**「まかせておけ！」**と心強《こころづよ》い返事《へんじ》が。

一安心《ひとあんしん》したものの、約束《やくそく》はちっとも守《まも》られずに、**息子《むすこ》はえらくなれず……**。忠道《ただみち》に「約束《やくそく》したよね!?」とばかりに**〈ちぎりおきし〉**とうらむ歌《うた》を送《おく》ったのでした。

歌《うた》の意味《いみ》

約束《やくそく》した、させも草《ぐさ》のつゆのようなお言葉《ことば》を命《いのち》のように大切《たいせつ》に思《おも》ってきたのに、ああ今年《ことし》の秋《あき》もむなしく過《す》ぎていくようです。

DATA

- 歌番号《うたばんごう》：75首目《しゅめ》
- 本名《ほんみょう》：藤原基俊《ふじわらのもととし》
- 活躍《かつやく》した時代《じだい》：平安《へいあん》
- 出典《しゅってん》：『千載和歌集《せんざいわかしゅう》』

#雑《ぞう》　#約束《やくそく》　#興福寺《こうふくじ》　#藤原忠通《ふじわらのただみち》　#中古六歌仙《ちゅうころっかせん》　#縁語《えんご》　#ちぎりお

〈おほ《お》けなく〉の前大僧正慈円《さきのだいそうじょうじえん》は……

熱心《ねっしん》に修行《しゅぎょう》しても、世《よ》の中《なか》は災難《さいなん》続《つづ》き！

おほ《お》けなく　うき世《よ》の民《たみ》に　おほ《お》ふ《う》かな
わが立《た》つそまに　すみぞめのそで

前大僧正慈円《さきのだいそうじょうじえん》

歌《うた》の意味《いみ》

身《み》の程《ほど》もわきまえず、
つらいこの世《よ》の人々《ひとびと》に
覆《おお》いかけて守《まも》ります。
比叡山《ひえいざん》に住《す》みはじめ、
僧《そう》となった
わたしの墨染《すみぞ》めの
袖《そそ》を。

DATA

- 歌番号《うたばんごう》：95首目《しゅめ》
- 名前《なまえ》：慈円《じえん》
- 活躍《かつやく》した時代《じだい》：平安《へいあん》～鎌倉《かまくら》
- 出典《しゅってん》：『千載和歌集《せんざいわかしゅう》』

藤原基俊《ふじわらのもととし》75の「息子《むすこ》をよろしく」という裏取《うらと》り引《ひ》きをスルーした藤原忠通《ふじわらのただみち》76の息子《むすこ》が**慈円《じえん》**です。

10歳《さい》のときに父《ちち》が死《し》んでしまったので、そのあと出家《しゅっけ》。延暦寺《えんりゃくじ》でひたすら修行《しゅぎょう》し、若《わか》くして最高位《さいこうい》までのぼりつめます。

平安時代《へいあんじだい》が終《お》わり、鎌倉時代《かまくらじだい》がはじまるころ。**病気《びょうき》が流行《りゅうこう》し、多《おお》くの人々《ひとびと》が亡《な》くなりました。さらには大火事《おおかじ》に大地震《だいじしん》まで。**

貴族《きぞく》ののどかな世《よ》から、武士中心《ぶしちゅうしん》の世《よ》へと移《うつ》りかわり、人々《ひとびと》はさらに混乱《こんらん》してゆく……。そんな苦《くる》しい**〈うき世《よ》〉**で暮《く》らす人々《ひとびと》を、〈わたしの袖《そで》を覆《おお》いかけて守《まも》りたい〉と**慈円《じえん》**さんはちかったのでした。

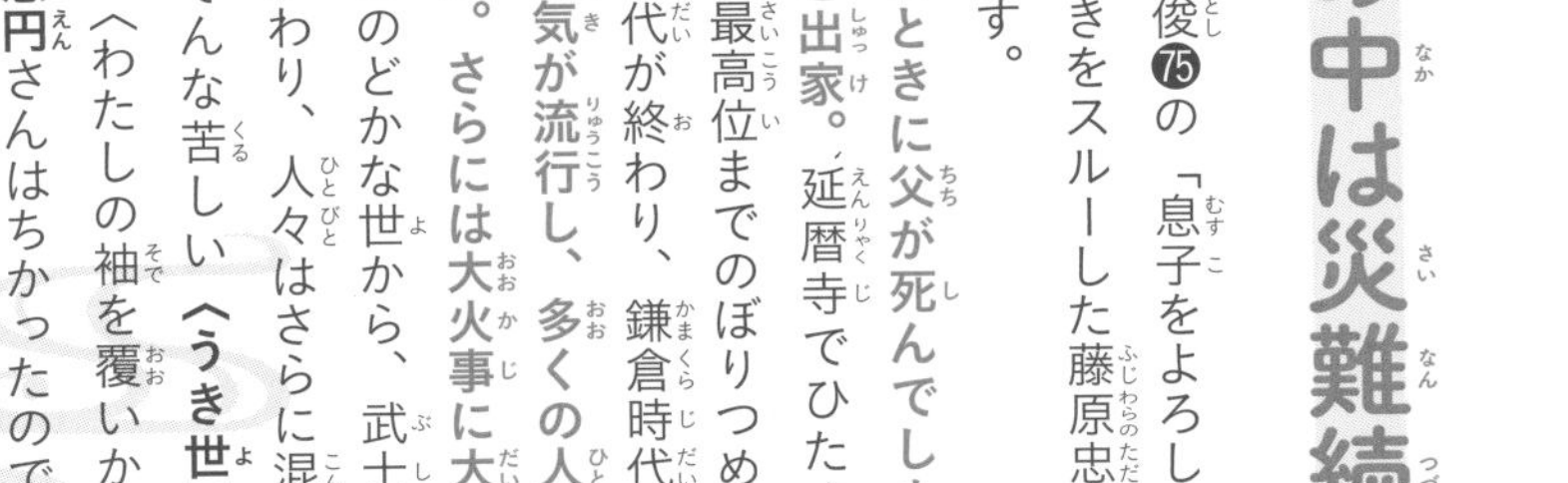

#雑《ぞう》　#比叡山《ひえいざん》　#延暦寺《えんりゃくじ》　#天台座主《てんだいざす》　#藤原忠通《ふじわらのただみち》　#愚管抄《ぐかんしょう》　#おほけ

〈めぐり逢《あ》ひて〉の紫式部《むらさきしきぶ》は……
ベストセラー作家《さっか》なのに、職場《しょくば》になじめない！

めぐり逢《あ》ひて
見《み》しやそれとも
わかぬ間《ま》に
雲《くも》がくれにし
夜半《よわ》の月《つき》かな

紫式部《むらさきしきぶ》

歌《うた》の意味《いみ》

めぐり会《あ》って、
見《み》たかどうかも
わからないうちに
すぐに雲《くも》にかくれてしまう
夜中《よなか》の月《つき》のように、
あなたは行《い》って
しまいましたね。

DATA
- 歌番号《うたばんごう》：57首目《しゅめ》
- 名前《なまえ》：紫式部《むらさきしきぶ》
- 活躍《かつやく》した時代《じだい》：平安《へいあん》
- 出典《しゅってん》：『新古今和歌集《しんこきんわかしゅう》』

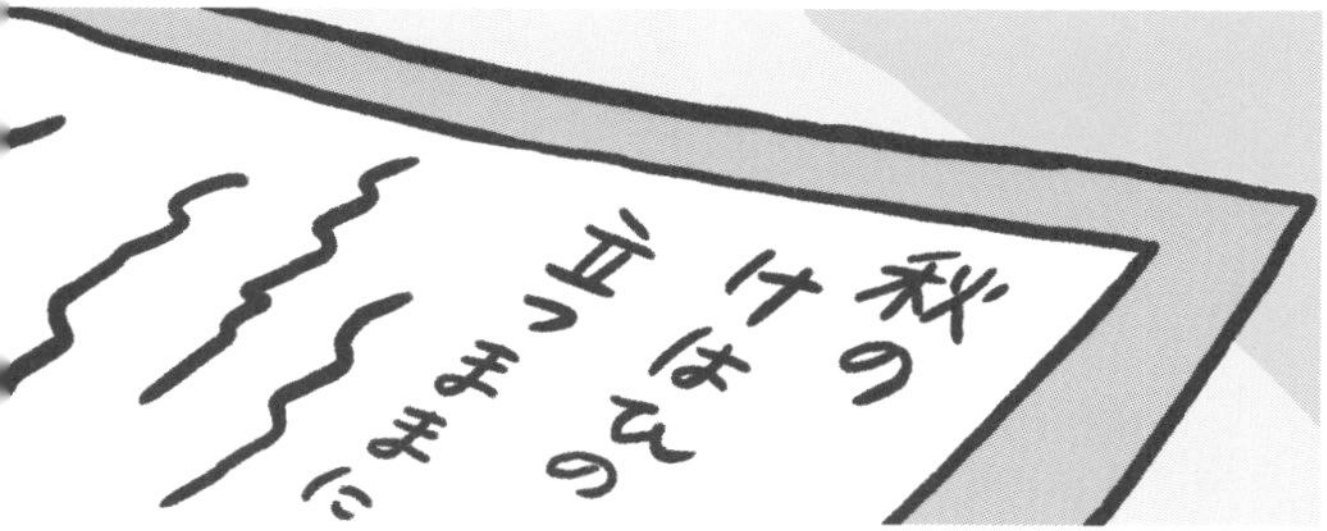

漫画《まんが》に映画《えいが》に『源氏物語《げんじものがたり》』は今《いま》も、そして世界中《せかいじゅう》で愛《あい》されるベストセラー小説《しょうせつ》です。作者《さくしゃ》の**紫式部**《むらさきしきぶ》は幼《おさな》いころから優秀《ゆうしゅう》で、兄《あに》の勉強《べんきょう》をそばで見《み》ていて先《さき》に覚《おぼ》えてしまったほど。

家《いえ》にある和歌《わか》や漢詩《かんし》をたっぷり読《よ》んで育《そだ》ちました。あんなに恋多《こいおお》きイケメン主人公《しゅじんこう》の小説《しょうせつ》を書《か》いているというのに、紫式部《むらさきしきぶ》さんは恋愛《れんあい》よりも本《ほん》を読《よ》むことのほうが好《す》きだったようです。

結婚相手《けっこんあいて》は、父《ちち》と同《おな》じくらいの年齢《ねんれい》で、**紫式部**《むらさきしきぶ》さんと同《おな》じくらいの年齢《ねんれい》の子《こ》どもがいました。娘《むすめ》・賢子《けんし》58が生《う》まれますが、数年後《すうねんご》に夫《おっと》が病気《びょうき》で亡《な》く

#中宮彰子《ちゅうぐうしょうし》　#大弐三位《だいにのさんみ》　#中古三十六歌仙《ちゅうこさんじゅうろっかせん》　#縁語《えんご》　#め

なります。このころから『源氏物語《げんじものがたり》』を書《か》きはじめたといわれています。

恋《こい》をしてはいけない相手《あいて》に恋《こい》をして苦《くる》しむイケメン・光源氏《ひかるげんじ》が主人公《しゅじんこう》の物《もの》語《がたり》は、平安貴族《へいあんきぞく》のハートをキャッチ。

時《とき》の権力者《けんりょくしゃ》・藤原道長《ふじわらのみちなが》に才能《さいのう》を見《み》こまれ「娘《むすめ》・彰子《しょうし》の家庭教師《かていきょうし》になってくれ」とスカウトされ宮中《きゅうちゅう》で働《はたら》くことに。和泉式部《いずみしきぶ》や赤染衛門《あかぞめえもん》たちと同《おな》じ職場《しょくば》で、**紫式部《むらさきしきぶ》さんは楽《たの》しくキラキラと働《はたら》き……ませんでした。**

「もっとゆっくりしていって」と幼《おさな》なじみを引《ひ》きとめられなかった**〈めぐり逢《あ》ひて〉**のように、直接相手《ちょくせつあいて》に言《い》えずに歌《うた》や日記《にっき》に書《か》く**紫式部《むらさきしきぶ》**さん。

華《はな》やかな職場《しょくば》がしんどかったようで『紫式部日記《むらさきしきぶにっき》』には言《い》えなかったグチがたっぷり書《か》かれています。

#雑《ぞう》　#月《つき》　#幼《おさな》なじみ　#再会《さいかい》　#口下手《くちべた》　#源氏物語《げんじものがたり》　#女房《にょうぼう》

〈滝《たき》の音《おと》は〉の大納言《だいなごん》公任《きんとう》は……
職場《しょくば》で酔《よ》っぱらって紫式部《むらさきしきぶ》にからむ！

滝《たき》の音《おと》は
絶《た》えてひさしく
なりぬれど
名《な》こそ流《なが》れて
なほ聞《き》こえけれ

大納言《だいなごん》公任《きんとう》

歌《うた》の意味《いみ》

滝《たき》の音《おと》が聞《き》こえなくなってから長《なが》い年月《ねんげつ》がたちましたが、そのすばらしい評判《ひょうばん》は流《なが》れ伝《つた》わって今《いま》でも知《し》れわたっていますよ。

DATA

- 歌番号《うたばんごう》：55首目《しゅめ》
- 本名《ほんみょう》：藤原公任《ふじわらのきんとう》
- 活躍《かつやく》した時代《じだい》：平安《へいあん》
- 出典《しゅってん》：『拾遺和歌集《しゅういわかしゅう》』『千載和歌集《せんざいわかしゅう》』

紫式部《むらさきしきぶ》の書《か》いた『源氏物語《げんじものがたり》』が大《だい》ブーム中《ちゅう》の宮中《きゅうちゅう》でのこと。宴会《えんかい》でお酒《さけ》を飲《の》んでご機嫌《きげん》な**藤原公任**《ふじわらのきんとう》は「やあ、おそれいりますがね、このあたりに『若紫《わかむらさき》ちゃん』はいませんかね？」と女房《にょうぼう》たちに話《はな》しかけます。

『源氏物語《げんじものがたり》』に登場《とうじょう》する「若紫《わかむらさき》（紫《むらさき》の上《うえ》）」という架空《かくう》のキャラを探《さが》す、という公任《きんとう》さんのボケに対《たい》して「あら、わたしのこと？　って、いるはずないでしょう！」なんて絶対《ぜったい》に言《い》えない紫式部《むらさきしきぶ》㊼。女房《にょうぼう》たちの間《あいだ》にもぐりこみスルーします。

そして紫式部《むらさきしきぶ》は日記《にっき》に「光源氏《ひかるげんじ》み

たいなイケメンもいないのに、紫《むらさき》の上《うえ》がいるはずない！」とガチで反論《はんろん》しています。

こんな雑《ざつ》な扱《あつか》いをされた公任《きんとう》さん、実《じつ》は光源氏《ひかるげんじ》顔負《かおま》けのスーパー貴公子《きこうし》でした。関白家《かんぱくけ》の長男《ちょうなん》で漢詩《かんし》・和歌《わか》・楽器《がっき》、どの才能《さいのう》も素晴《すば》らしく、若《わか》くしてすごいスピードで出世《しゅっせ》。

藤原兼家《ふじわらのかねいえ》は「うちの子《こ》たちでは、公任《きんとう》の影《かげ》さえふめないだろう」とその才能《さいのう》をうらやみました。それを聞《き》いた兄《あに》たちが黙《だま》るなか、藤原道長《ふじわらのみちなが》（公任《きんとう》さんと同《おな》い年《どし》）は「影《かげ》なんかふまないで、顔《かお》をふんでやる！」と言《い》い返《かえ》します。

その宣言《せんげん》どおり道長《みちなが》が権力《けんりょく》をにぎると、公任《きんとう》さんは〈滝《たき》の音《おと》は〉の今《いま》はもうない滝《たき》のように「昔立派《むかしりっぱ》だった」人《ひと》になってしまったのでした。

#雑《ぞう》 #滝《たき》 #大覚寺《だいかくじ》 #名古曽《なこそ》の滝《たき》 #三十六歌仙撰者《さんじゅうろっかせんせんじゃ》 #和漢朗詠集《わかんろうえいしゅう》

〈いにしへの《え》〉の伊勢大輔《いせのたいふ》は……

先輩《せんぱい》のムチャぶりで、即興《そっきょう》で歌《うた》を詠《よ》まされる！

いにしへの《え》
奈良《なら》の都《みやこ》の
八重《やえ》ざくら
今日《きょう》九重《ここのえ》に
にほひ《おい》ぬるかな

伊勢大輔《いせのたいふ》

紫式部《むらさきしきぶ》57の後輩《こうはい》・**伊勢大輔《いせのたいふ》**は宮中《きゅうちゅう》に来《き》たばかりの新人女房《しんじんにょうぼう》。

とはいえ祖父《そふ》・大中臣能宣《おおなかとみのよしのぶ》49も父《ちち》も有名《ゆうめい》な歌人《かじん》なので、期待《きたい》の新人《しんじん》です。

ある日《ひ》、奈良《なら》の興福寺《こうふくじ》から八重桜《やえざくら》のプレゼントが届《とど》きました。みんなの前《まえ》で受《う》け取《と》り、一首詠《いっしゅよ》む役《やく》は紫式部《むらさきしきぶ》だったのに**突然《とつぜん》「あなたにまかせるわ」**と、**伊勢大輔《いせのたいふ》さんを指名《しめい》します。藤原道長《ふじわらのみちなが》も「黙《だま》って受《う》け取《と》るのではないぞ」と圧《あつ》をかけてきます。**

プレッシャーに負《ま》けずに、**伊勢大輔《いせのたいふ》**さんはすっと**〈いにしへの《え》〉**と詠《よ》み、そのすばらしさに宮中《きゅうちゅう》はゆれるほどの大歓声《だいかんせい》。最高《さいこう》の宮中《きゅうちゅう》デビューになりました。

歌《うた》の意味《いみ》

昔《むかし》、都《みやこ》であった奈良《なら》から贈《おく》られた八重桜《やえざくら》が、今日《きょう》はこの京《きょう》の宮中《きゅうちゅう》で美《うつく》しく咲《さ》きほこっていますね。

DATA

- 歌番号《うたばんごう》：61首目《しゅめ》
- 名前《なまえ》：伊勢大輔《いせのたいふ》
- 活躍《かつやく》した時代《じだい》：平安《へいあん》
- 出典《しゅってん》：『詞花和歌集《しかわかしゅう》』

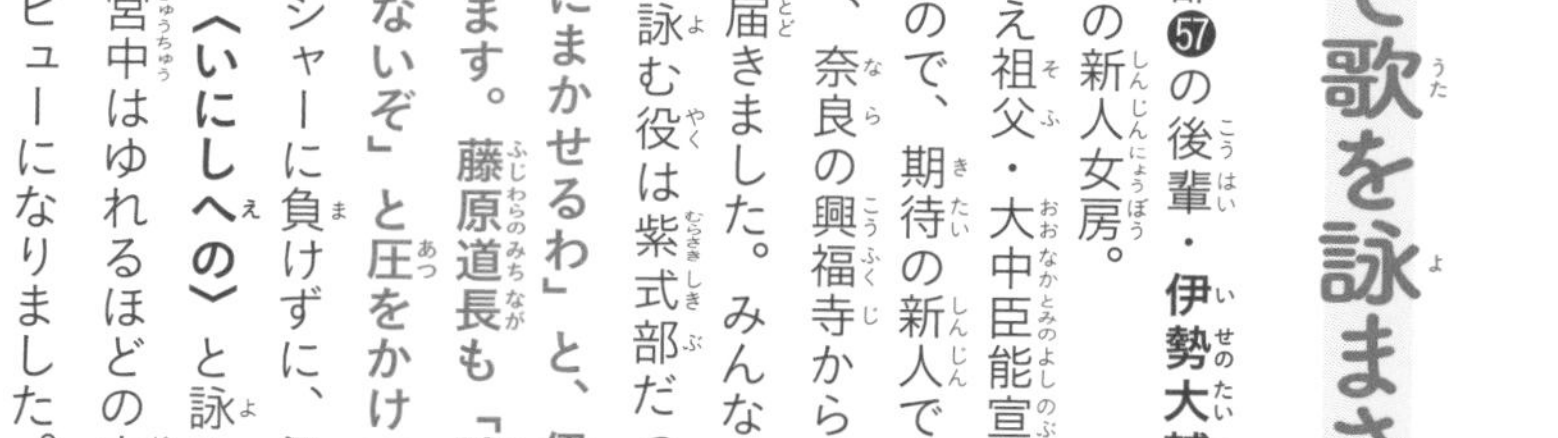

〈かくとだに〉の藤原実方朝臣《ふじわらのさねかたあそん》は……

職場《しょくば》でけんかして都《みやこ》を追《お》われる！

かくとだに
えやはいぶきの
さしも草《ぐさ》
さしも知《し》らじな
燃《も》ゆる思《おも》ひ《い》を

藤原実方朝臣《ふじわらのさねかたあそん》

歌《うた》の意味《いみ》

これほど思《おも》っている、
とさえ
伝《つた》えられないのだから、
伊吹山《いぶきやま》の
さしも草《ぐさ》のように
燃《も》えている思《おも》いを
ご存《ぞん》じないでしょう。

DATA
- **歌番号《うたばんごう》**：51首目《しゅめ》
- **本名《ほんみょう》**：藤原実方《ふじわらのさねかた》
- **活躍《かつやく》した時代《じだい》**：平安《へいあん》
- **出典《しゅってん》**：『後拾遺和歌集《ごしゅういわかしゅう》』

光源氏《ひかるげんじ》のモデルのひとりといわれるエレガントな貴公子《きこうし》・**藤原実方《ふじわらのさねかた》**。お花見《はなみ》の最中《さいちゅう》、にわか雨《あめ》が降《ふ》ってきました。雨《あめ》だ雨《あめ》だ！　とみんなあわてて雨宿《あまやど》りするなか、**実方《さねかた》**さんはすっと桜《さくら》の木《き》に近寄《ちかよ》ると〈どうせ雨《あめ》にぬれるのなら、桜《さくら》の下《した》でぬれましょう〉と歌《うた》を詠《よ》みました（少女漫《しょうじょまん》画《が》の男子《だんし》っぽいカッコつけかた）。

「雅《みやび》でステキ！」と評判《ひょうばん》になりますが、それを聞《き》いた**藤原行成《ふじわらのゆきなり》は「歌《うた》はおもしろい。でも実方《さねかた》はばかげていますね」**とバッサリ。のちに宮中《きゅうちゅう》で行成《ゆきなり》とけんかして冠《かんむり》を叩《たた》き落《お》とし、それがきっかけで実方《さねかた》さんは都《みやこ》を追《お》われた、とも伝《つた》わっています。

#恋《こい》　#片思《かたおも》い　#さしも草《ぐさ》（よもぎ）　#清少納言《せいしょうなごん》　#中古三十六歌仙《ちゅうこさんじゅうろっかせん》　#かく

〈夜《よ》をこめて〉の清少納言《せいしょうなごん》は……

職場《しょくば》の様子《ようす》をキラキラに盛《も》って書《か》く！

夜《よ》をこめて
鳥《とり》のそら音《ね》は
はかるとも
よに逢坂《おうさか》の
関《せき》はゆるさじ

清少納言《せいしょうなごん》

歌《うた》の意味《いみ》

夜《よ》が明《あ》けないうちに
ニワトリの
鳴《な》きまねをしても、
けっして逢坂《おうさか》の関《せき》の門《もん》は
開《あ》きませんし、
わたしもあなたに
お会《あ》いしません。

DATA
- 歌番号《うたばんごう》：62首目《しゅめ》
- 名前《なまえ》：清少納言《せいしょうなごん》
- 活躍《かつやく》した時代《じだい》：平安《へいあん》
- 出典《しゅってん》：『後拾遺和歌集《ごしゅういわかしゅう》』

紫式部《むらさきしきぶ》57と違《ちが》い、宮中《きゅうちゅう》の生活《せいかつ》をとても楽《たの》しんでいた**清少納言《せいしょうなごん》**。

さすがにはじめはドキドキしていましたが、お仕《つか》えする中宮《ちゅうぐう》・藤原定子《ふじわらのていし》（母《はは》は高階貴子《たかしなのきし》54）の、灯《あか》りに浮《う》かぶ美《うつく》しい薄紅梅色《うすこうばいいろ》の手《て》を見《み》た瞬間《しゅんかん》に定子《ていし》の大《だい》ファンに！

「春《はる》はあけぼの」からはじまる日本《にほん》を代表《だいひょう》する名随筆《めいずいひつ》『枕草子《まくらのそうし》』には、定《てい》子《し》のすばらしさ（美《うつく》しさ・賢《かしこ》さ・センスのよさ・家族《かぞく》の仲《なか》のよさ・夫《おっと》の一条《いちじょう》天皇《てんのう》とのラブラブさ）が、美《うつく》しい四季《しき》の描写《びょうしゃ》やするどい人間観察《にんげんかんさつ》に交《ま》ざってちりばめられています。そんな最高《さいこう》な

#女房《にょうぼう》　#藤原行成《ふじわらのゆきなり》　#枕草子《まくらのそうし》　#中古三十六歌仙《ちゅうこさんじゅうろっかせん》　#よを

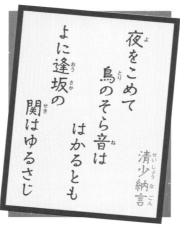

定子《ていし》のそばにいられる**清少納言**《せいしょうなごん》さんのうれしそうな様子《ようす》も。

〈夜《よ》をこめて〉は、**清少納言**《せいしょうなごん》さんの部《へ》屋《や》に友《とも》だちの藤原行成《ふじわらのゆきなり》が遊《あそ》びにきて、おしゃべりした翌日《よくじつ》に届《とど》いた、行成《ゆきなり》からの気軽《きがる》な恋《こい》のおさそいを断《ことわ》る歌《うた》。

「幼《おさな》なじみに言《い》いたいことも言《い》えない紫式部《むらさきしきぶ》」と「男友《おとこども》だちとコミュニケーションを楽《たの》しむ**清少納言**《せいしょうなごん》」が百人一首《ひゃくにんいっしゅ》の歌《うた》からも浮《う》かびあがってきますが、実際《じっさい》の宮中《きゅうちゅう》では……。

定子《ていし》の父《ちち》・藤原道隆《ふじわらのみちたか》が亡《な》くなると、定子一家《ていしいっか》は藤原道長《ふじわらのみちなが》に追《お》いやられ、紫《むらさき》式部《しきぶ》が仕《つか》えた中宮彰子《ちゅうぐうしょうし》の時代《じだい》へと移《うつ》り変《か》わってしまいます。

定子《ていし》は出産《しゅっさん》がもとで若《わか》くして亡《な》くなり、清少納言《せいしょうなごん》さんは宮中《きゅうちゅう》をそっと去《さ》ったのでした。

#雑《ぞう》 #逢坂《おうさか》の関《せき》 #リア充《じゅう》 #清原元輔《きよはらのもとすけ》 #清原深養父《きよはらのふかやぶ》 #中宮定子《ちゅうぐうていし》

〈春《はる》の夜《よ》の〉の周防内侍《すおうのないし》は……

職場《しょくば》で「ねむい」とつぶやいたら……!?

春《はる》の夜《よ》の
夢《ゆめ》ばかりなる
手《た》まくらに
かひ《い》なく立《た》たむ《ん》
名《な》こそ惜《お》しけれ

周防内侍《すおうのないし》

歌《うた》の意味《いみ》

短《みじか》い春《はる》の夜《よる》の
夢《ゆめ》のように、
はかないひとときの
腕《うで》まくらのために、
つまらないうわさが
立《た》つのは
残念《ざんねん》なことですわ。

DATA

- 歌番号《うたばんごう》：67首目《しゅめ》
- 本名《ほんみょう》：平仲子《たいらのちゅうし》
- 活躍《かつやく》した時代《じだい》：平安《へいあん》
- 出典《しゅってん》：『千載和歌集《せんざいわかしゅう》』

春《はる》のはじめの、月《つき》の明《あか》るい夜《よる》のことです。

二条院《にじょういん》に貴族《きぞく》や女房《にょうぼう》たちが集《あつ》まって、わいわいとにぎやかにさわいでいます。夜更《よふ》かししておしゃべりに花《はな》を咲《さ》かせていましたが、**平仲子《たいらのちゅうし》**、さすがにねむくなってきました。物《もの》にぱったりと寄《よ》りかかって「枕《まくら》がほしい……」とつぶやきます。

それを聞《き》いた通《とお》りすがりの**藤原忠家《ふじわらのただいえ》**が「これを枕《まくら》にどうぞ」と御簾《みす》の下《した》から腕《うで》をさっと差《さ》し出《だ》しました。

現代《げんだい》だったら「え、いや、みんなの前《まえ》で腕枕《うでまくら》なんかされたくないし、やめ

#おしゃべり #うわさ #二月《きさらぎ》 #女房《にょうぼう》 #掛詞《かけことば》 #はるの

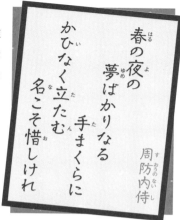

てください……」とドン引《び》きしそうですが、ここは平安時代《へいあんじだい》なのでクールに歌《うた》で返《かえ》します。

〈**春《はる》の夜《よ》の**〉は、とっさに詠《よ》まれた歌《うた》ですが、差《さ》し出《だ》された腕《うで》（古《ふる》い言《い》い方《かた》では「かいな」）を〈甲斐《かい》なく〉と詠《よ》みこんだテクニックもあり、さらにあたたかい春《はる》の陽気《ようき》のような、うっとりした美《うつく》しい歌《うた》にもなっています。

同《おな》じく問《と》いかけに歌《うた》で返《かえ》した小式部《こしきぶの》内侍《ないし》60の〈**大江山《おおえやま》**〉の相手《あいて》が、返事《へんじ》をせずに逃《に》げ出《だ》したときとは違《ちが》い、忠家《ただいえ》は〈いえいえ、お貸《か》しする手枕《たまくら》は春《はる》の夢《ゆめ》になんかしませんよ！〉とちゃんと歌《うた》で返《かえ》しました。

平安時代《へいあんじだい》らしい、貴族《きぞく》としっかりものの女房《にょうぼう》のふざけ合《あ》い。それを見《み》ていた人々《ひとびと》の笑《わら》い声《ごえ》が響《ひび》いたことでしょう。

#雑《ぞう》 #春《はる》 #月《つき》の明《あか》るい夜《よる》 #夢《ゆめ》 #はかない #腕枕《うでまくら》 #夜更《よふ》かし

コラム
column

おしえて！定家《ていか》さん

④平安時代《へいあんじだい》のくらし

みんな、**今《いま》とはまったく違《ちが》う服装《ふくそう》をしている**ね。

女性《じょせい》が着《き》ているのは女房装束《にょうぼうしょうぞく》。宮中《きゅうちゅう》（天皇《てんのう》の住《す》まい）で働《はたら》く女性《じょせい》の正装《せいそう》で、**十二単《じゅうにひとえ》とも呼《よ》ばれる**よ。

１０～２０キロの重《おも》さになることもあるんだ！

手《て》には美《うつく》しい絵《え》の描《か》かれた檜扇《ひおうぎ》を持《も》つよ。

男性《だんせい》は、仕事《しごと》のときは冠《かんむり》をかぶり、手《て》には笏《しゃく》を持《も》つんだ。

普段《ふだん》は烏帽子《えぼし》をかぶって扇《おうぎ》を持《も》つよ。

人前《ひとまえ》で冠《かんむり》や烏帽子《えぼし》は絶対《ぜったい》にぬがないよ！

うっかり中《なか》の髷《まげ》を見《み》られちゃうのは、今《いま》ならズボンが脱《ぬ》げちゃうくらい恥《は》ずかしいことだったんだ。

恋《こい》の歌《うた》がたくさんあるけれど、
平安時代《へいあんじだい》の貴族《きぞく》の恋愛《れんあい》・結婚《けっこん》は現代《げんだい》と違《ちが》うの？

まず、**夫《おっと》ひとりに妻《つま》が何人《なんにん》もいる**ところから違《ちが》うね！
貴族《きぞく》の女性《じょせい》は屋敷《やしき》の奥《おく》に住《す》み、ほとんど姿《すがた》を見《み》せないので、まず**男性《だんせい》が家柄《いえがら》やうわさを聞《き》いて相手《あいて》を選《えら》んで女性《じょせい》へ歌《うた》を贈《おく》るところから恋愛《れんあい》がスタート**するよ。
結婚《けっこん》しても夫《おっと》は妻《つま》の家《いえ》に通《かよ》って、
子《こ》どもも妻《つま》の家《いえ》で育《そだ》てることが多《おお》かったよ。

ときどき出《で》てくる**「女房《にょうぼう》」ってどんな人《ひと》**なの？

宮中《きゅうちゅう》や貴族《きぞく》の屋敷《やしき》で働《はたら》く女性《じょせい》のこと。ひとりの部屋《へや》（房《ぼう》）を持《も》っていた女性《じょせい》だから「女房《にょうぼう》」。**主人《しゅじん》の身《み》の回《まわ》りの世話《せわ》をするほかは、装束《しょうぞく》・書物《しょもつ》・薬《くすり》・灯《あか》り・飲《の》み物《もの》・食《た》べ物《もの》・裁縫《さいほう》など、それぞれ係《かかり》に分《わ》かれて仕事《しごと》をしていた**よ。
みんな父《ちち》や兄弟《きょうだい》、夫《おっと》の役職《やくしょく》に関係《かんけい》してつけられる「女房名《にょうぼうな》」というあだ名《な》で呼《よ》ばれていた。だから、女性《じょせい》の本名《ほんみょう》はほとんどのこされていないんだよ。

―5章《しょう》―

いろいろとしょんぼり

〈心《こころ》あてに〉の凡河内躬恒《おおしこうちのみつね》は……
明治時代《めいじじだい》の歌人《かじん》にけなされる！

心《こころ》あてに
折《お》らばや折《お》らむ
初霜《はつしも》の
おきまどはせる
白菊《しらぎく》の花《はな》

凡河内躬恒《おおしこうちのみつね》

歌《うた》の意味《いみ》

あてずっぽうで
折《お》ってみようか。
初霜《はつしも》が降《お》りて
真《ま》っ白《しろ》で、見分《みわ》けが
つかなくなっている
白《しろ》い菊《きく》の花《はな》を。

DATA

- 歌番号《うたばんごう》：29首目《しゅめ》
- 本名《ほんみょう》：凡河内躬恒《おおしこうちのみつね》
- 活躍《かつやく》した時代《じだい》：平安《へいあん》
- 出典《しゅってん》：『古今和歌集《こきんわかしゅう》』

寒《さむ》い秋《あき》の朝《あさ》。庭《にわ》に出《で》てみると、いちめん白《しろ》く霜《しも》が降《お》りています。

さらに庭《にわ》には、白菊《しらぎく》の花《はな》が咲《さ》いています。菊《きく》はさまざまな色《いろ》や形《かたち》のある、美《うつく》しい秋《あき》の花《はな》です。

凡河内躬恒《おおしこうちのみつね》は〈わあ、いちめん真《ま》っ白《しろ》でどこに白《しろ》い菊《きく》の花《はな》があるかわからないよ〉と歌《うた》い、当時絶賛《とうじぜっさん》されました。

ここで時代《じだい》は平安時代《へいあんじだい》からとんで、西暦一八九八年《せいれきせんはっぴゃくきゅうじゅうはちねん》。

明治時代《めいじじだい》に活躍《かつやく》した俳人《はいじん》・歌人《かじん》の正岡子規《まさおかしき》が『歌《うた》よみに与《あた》ふる書《しょ》』に躬恒《みつね》さんの歌《うた》を取《と》りあげて、こんなことを書《か》いています。

#五《ご》たび歌《うた》よみに与《あた》ふる書《しょ》　#三十六歌仙《さんじゅうろっかせん》　#こころあ

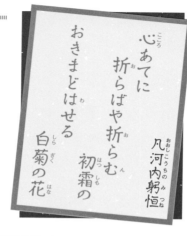

「これはウソだ！　霜《しも》ぐらいで菊《きく》の花《はな》が見《み》えなくなるはずがない」

　うーん、たしかに雪《ゆき》が積《つ》もって白《しろ》い菊《きく》が埋《う》もれているなら、どこにあるかわからなくて折《お》れないよ、というのも納得《なっとく》です。しかし、霜《しも》が降《お》りただけで見分《みわ》けがつかないなんて……。

　でも！　**躬恒《みつね》**さんだってそんなことはわかっています。**〈心《こころ》あてに〉**は白《しろ》さを「盛《も》って」いる歌《うた》なのです。

　小顔《こがお》にしたり、脚《あし》を長《なが》く見《み》えるようにしたり、アプリで写真《しゃしん》を加工《かこう》するように、**ただ「霜《しも》がすごく白《しろ》いね！」と言《い》うだけでは映《は》えないので、盛《も》り盛《も》りに表現《ひょうげん》しているのです。**

「加工《かこう》してるぞ！　本物《ほんもの》じゃない！」とさわぐような、デリカシーに欠《か》ける正岡子規《まさおかしき》です。

#秋《あき》　#菊《きく》　#霜《しも》　#真《ま》っ白《しろ》　#古今和歌集撰者《こきんわかしゅうせんじゃ》　#歌合《うたあわせ》で活躍《かつやく》

〈由良《ゆら》の門《と》を〉の曽禰《そね》好忠《よしただ》は……

呼《よ》ばれていない歌会《うたかい》に出《で》て、つまみ出《だ》される！

由良《ゆら》の門《と》を　わたる舟人《ふなびと》　かぢ《じ》を絶《た》え　ゆくへ《え》も知《し》らぬ　恋《こい》の道《みち》かな

曽禰《そね》好忠《よしただ》

歌《うた》の意味《いみ》

由良《ゆら》の海峡《かいきょう》を渡《わた》る舟人《ふなびと》が
かじを失《な》くして
行《い》き先《さき》もわからずに
流《なが》されてゆくように、
どうなるのかわからない
恋《こい》の道《みち》ですよ。

DATA

- 歌番号《うたばんごう》：46首目《しゅめ》
- 本名《ほんみょう》：曽禰好忠《そねのよしただ》
- 活躍《かつやく》した時代《じだい》：平安《へいあん》
- 出典《しゅってん》：『新古今和歌集《しんこきんわかしゅう》』

生《い》きていたころの評価《ひょうか》は高《たか》かったのに、明治時代《めいじじだい》になってダメ出《だ》しされてしまった凡河内躬恒《おおしこうちのみつね》㉙と正反対《せいはんたい》だったのが、曽禰好忠《そねのよしただ》です。

好忠《よしただ》さんは、悩《なや》んでいました。みんなが「そたん」と呼《よ》ぶのです。

はじめは「そ（名字《みょうじ》の一部《いちぶ》）たんご（役職名《やくしょくめい》）」だったのが、「そたんご」になり、ついに「そたん」になりました。

あだ名《な》がどんどん省略《しょうりゃく》されてゆく……最終的《さいしゅうてき》には「おーい、そた」となるの？　もう誰《だれ》だかわからないよ！

そた、じゃなくて好忠《よしただ》さん、ちょっ

と変《か》わったキャラだったようです。

あるとき、漢詩《かんし》や歌《うた》を楽《たの》しむ、華《はな》やかで上品《じょうひん》なイベントが屋外《おくがい》で開《ひら》かれていました。

歌会《うたかい》がはじまるぞ、というときに気《き》がつくと歌人《かじん》がひとり増《ふ》えています。

ぼろぼろの着物《きもの》を着《き》た好忠《よしただ》さんでした。「歌詠《うたよ》みが集《あつ》まっているのに、わたしは呼《よ》ばれていない。この歌人《かじん》たちにわたしが劣《おと》るのですか!」とまったく動《うご》かず、結局《けっきょく》つまみ出《だ》されてしまいました。

〈由良《ゆら》の門《と》を〉は声《こえ》に出《だ》して読《よ》んでみると心地《ここち》よい歌《うた》です。斬新《ざんしん》すぎて当時《とうじ》は認《みと》められませんでしたが、軽《かろ》やかさとみずみずしさがあり、明治時代《めいじじだい》の詩《し》人《じん》・萩原朔太郎《はぎわらさくたろう》が「船《ふね》に乗《の》って波間《なみま》をただよう感《かん》じがある」とほめています。

#恋《こい》 #海《うみ》 #不安《ふあん》な恋《こい》 #先《さき》が見《み》えない #由良《ゆら》の門《と》 #歌枕《うたまくら》

〈あさぢ《じ》ふ《う》の〉の参議等《さんぎひとし》は……

生涯《しょうがい》でヒットソングは一首《いっしゅ》だけ！

あさぢ《じ》ふ《う》の
小野《おの》のしの原《はら》
しのぶれど
あまりてなどか
人《ひと》の恋《こい》しき

参議等《さんぎひとし》

歌《うた》の意味《いみ》

短《みじか》い茅《ちがや》の生《は》える野《の》の
篠原《しのはら》の「しの」という
名《な》のように
忍《しの》んでも忍《しの》びきれない、
どうしてこんなに
あなたが
恋《こい》しいのでしょう。

DATA

- 歌番号《うたばんごう》：39首目《しゅめ》
- 本名《ほんみょう》：源《みなもとの》 等《ひとし》
- 活躍《かつやく》した時代《じだい》：平安《へいあん》
- 出典《しゅってん》：『後撰和歌集《ごせんわかしゅう》』

ナイショの恋《こい》をしている**源等《みなもとのひとし》**。**〈あさぢ《じ》ふ《う》の〉**は、〈隠《かく》しておけないくらい、きみが好《す》きなんだ！〉というラブソングです。嵯峨天皇《さがてんのう》のひ孫《まご》で、仕事《しごと》の経歴《けいれき》はいろいろ伝《つた》わっていますが、**歌人《かじん》としての活動《かつどう》はほとんどわかりません。**

さらに**〈あさぢ《じ》ふ《う》の〉**は〈あさぢ《じ》ふ《う》の小野《おの》のしの原《はら》 忍《しの》ぶとも 人知《ひとし》るらめや いふ《う》人《ひと》なしに〉という古《ふる》い歌《うた》の本歌取《ほんかど》りなので、**半分以上《はんぶんいじょう》オリジナルではない**のです。有名《ゆうめい》ではない**等《ひとし》**さんの歌《うた》を、百人一首《ひゃくにんいっしゅ》の撰者《せんじゃ》・定家《ていか》さんが大好《だいす》きだったおかげで、一曲《いっきょく》だけヒットソングがある歌手《かしゅ》のように、等《ひとし》さんの名前《なまえ》が今《いま》ものこったのでした。

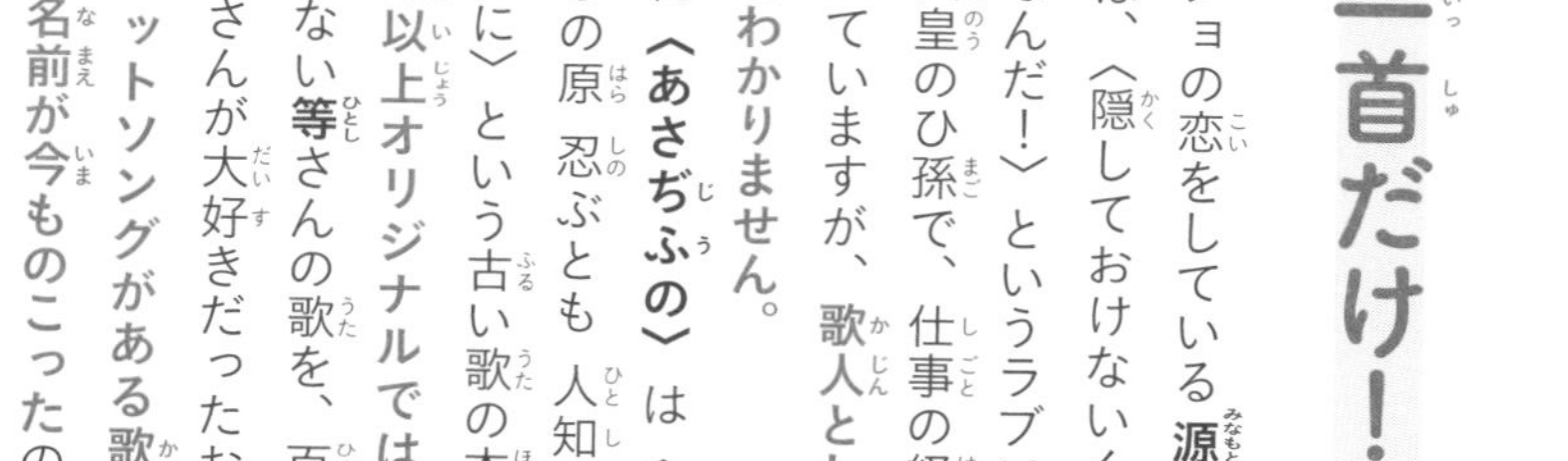

#恋《こい》 #秘密《ひみつ》の恋《こい》 #チガヤ #源融《みなもとのとおる》 #序詞《じょことば》 #本歌取《ほんかど》り #あさぢ

〈白《しら》つゆに〉の文屋朝康《ふんやのあさやす》は……
活躍《かつやく》したはずなのに、三首《さんしゅ》しかのこらず！

白《しら》つゆに
風《かぜ》の吹《ふ》きしく
秋《あき》の野《の》は
つらぬきとめぬ
玉《たま》ぞ散《ち》りける

文屋朝康《ふんやのあさやす》

歌《うた》の意《い》味《み》

草《くさ》の上《うえ》で光《ひか》る白《しら》つゆに
風《かぜ》がしきりに
吹《ふ》きつけている
秋《あき》の野原《のはら》は、
糸《いと》を通《とお》していない
玉《たま》が乱《みだ》れ散《ち》って
いるようだなあ。

DATA

- 歌番号《うたばんごう》：**37首目《しゅめ》**
- 本名《ほんみょう》：**文屋朝康《ふんやのあさやす》**
- 活躍《かつやく》した時代《じだい》：**平安《へいあん》**
- 出典《しゅってん》：**『後撰和歌集《ごせんわかしゅう》』**

歌合《うたあわせ》で大活躍《だいかつやく》した**文屋朝康《ふんやのあさやす》**。今《いま》も伝《つた》わる**歌《うた》はというと……三首《さんしゅ》だけ。**

その三首中二首《さんしゅちゅうにしゅ》が「白《しら》つゆ」の歌《うた》です。秋《あき》の野原《のはら》で散《ち》るつゆを「白玉《しらたま》（真珠《しんじゅ》や水晶《すいしょう》などの宝石《ほうせき》）」に例《たと》えて、白《しら》つゆが舞《ま》い散《ち》る一瞬《いっしゅん》の美《うつく》しさを切《き》り取《と》ったセンスが、定家《ていか》さんのハートをぎゅっとつかんだようで、百人一首《ひゃくにんいっしゅ》以外《いがい》でも「この歌《うた》いいよ！」と紹介《しょうかい》するほど、お気《き》に入《い》りでした。

実《じつ》は父《ちち》・文屋康秀《ふんやのやすひで》㉒の〈吹《ふ》くからに〉の本当《ほんとう》の作者《さくしゃ》は朝康《あさやす》さんだといわれています。もしそれが本当《ほんとう》なら、朝康《あさやす》さんの歌《うた》が二首《にしゅ》になり、百人《ひゃくにん》が一首《いっしゅ》ずつ詠《よ》んでいないことになってしまいます。

#秋《あき》 #露《つゆ》 #真珠《しんじゅ》 #水晶《すいしょう》 #文屋康秀《ふんやのやすひで》 #醍醐天皇《だいごてんのう》 #歌合《うたあわせ》 #しら

〈あらざらむ〉の和泉式部《いずみしきぶ》は……

平安貴族《へいあんきぞく》くぎ付《づ》けのスキャンダル女王《じょおう》！

あらざらむ
この世《よ》のほかの
思《おも》ひ出《いで》に
今《いま》ひとたびの
逢《お》ふ《う》こともがな

和泉式部《いずみしきぶ》

歌《うた》の意味《いみ》

もう長《なが》くこの世《よ》に
いられないかも
しれません。
あの世《よ》への思《おも》い出《で》に、
もう一度《いちど》あなたに
お会《あ》いしたいのです。

DATA

- 歌番号《うたばんごう》：56首目《しゅめ》
- 名前《なまえ》：和泉式部《いずみしきぶ》
- 活躍《かつやく》した時代《じだい》：平安《へいあん》
- 出典《しゅってん》：『後拾遺和歌集《ごしゅういわかしゅう》』

和泉式部《いずみしきぶ》は中宮彰子《ちゅうぐうしょうし》に仕《つか》えていた女房《にょうぼう》だったので、赤染衛門《あかぞめえもん》や伊勢大輔《いせのたいふ》たちと同《おな》じ職場《しょくば》で働《はたら》いていました。

そこには紫式部《むらさきしきぶ》57の姿《すがた》も。そして**『紫式部日記《むらさきしきぶにっき》』**にはしっかり和泉式部《いずみしきぶ》さんの悪口《わるぐち》が書《か》かれています。**「和泉式部《いずみしきぶ》の行動《こうどう》には感心《かんしん》しないところがある」「古《ふる》い歌《うた》の知識《ちしき》や、歌《うた》についての理論《りろん》はダメ」「立派《りっぱ》な歌詠《うたよ》みとはいえない」**

……ひどい書《か》かれようです。でも紫式部《むらさきしきぶ》がライバル視《し》していた清少納言《せいしょうなごん》とは違《ちが》い、**和泉式部《いずみしきぶ》**さんにはちゃんとフォローも入《い》れています。「ちょっ

#藤原保昌《ふじわらのやすまさ》 #和泉式部日記《いずみしきぶにっき》 #中古三十六歌仙《ちゅうこさんじゅうろっかせん》 #あらざ

とした言葉《ことば》がつやっと光《ひか》る」「口《くち》からこぼれるように詠《よ》んだ歌《うた》にはいいところがある」など（あくまで上《うえ》から目線《めせん》）。

和泉式部《いずみしきぶ》さんは、結婚《けっこん》して夫《おっと》がいましたが、親王《しんのう》（天皇《てんのう》の息子《むすこ》）と許《ゆる》されない恋《こい》に落《お》ちてしまいます。

ふたりの恋《こい》がうわさになり、父《ちち》には絶縁《ぜつえん》され、夫《おっと》とは離婚《りこん》。さらに恋《こい》の相《あい》手《て》は若《わか》くして亡《な》くなってしまいます。落《お》ちこむ和泉式部《いずみしきぶ》さんに近《ちか》づいたのは死《し》んだ恋人《こいびと》の弟《おとうと》で……。

当時《とうじ》も大《おお》さわぎになりましたが、現《げん》代《だい》だったら雑誌《ざっし》やニュースで大注目《だいちゅうもく》されそうな恋愛模様《れんあいもよう》です。

〈あらざらむ《ん》〉と死《し》を覚悟《かくご》した病気《びょうき》のとき、浮《う》かべた顔《かお》は誰《だれ》のものだったのでしょうか……。

#恋《こい》 #許《ゆる》されない恋《こい》 #うわさ #小式部内侍《こしきぶのないし》 #中宮彰子《ちゅうぐうしょうし》 #女房《にょうぼう》 #敦道親王《あつみちしんのう》

〈ながからむ《ん》〉の待賢門院堀河《たいけんもんいんのほりかわ》は……

魅力的《みりょくてき》な長《なが》くて黒《くろ》い髪《かみ》は……もうなかった！

ながからむ《ん》
心《こころ》も知《し》らず
黒髪《くろかみ》の
みだれて今朝《けさ》は
ものをこそ思《おも》へ《え》

待賢門院堀河《たいけんもんいんのほりかわ》

歌《うた》の意味《いみ》

あなたの愛《あい》が長《なが》く
続《つづ》くのかわかりません。
長《なが》い黒髪《くろかみ》が
寝乱《ねみだ》れているように、
今朝《けさ》のわたしの心《こころ》は
乱《みだ》れてもの思《おも》いに
沈《しず》んでいます。

DATA

- 歌番号《うたばんごう》：80首目《しゅめ》
- 名前《なまえ》：待賢門院堀河《たいけんもんいんのほりかわ》
- 活躍《かつやく》した時代《じだい》：平安《へいあん》
- 出典《しゅってん》：『千載和歌集《せんざいわかしゅう》』

〈ながからむ《ん》〉でとても印象的《いんしょうてき》なのは、乱《みだ》れる黒《くろ》い髪《かみ》です。

平安時代《へいあんじだい》、貴族《きぞく》の女性《じょせい》の美人《びじん》の条件《じょうけん》は「髪《かみ》の毛《け》が豊《ゆた》かで長《なが》いこと」でした。

とくに長《なが》い人《ひと》はどれくらいだったのかというと……ある女性《じょせい》は屋敷《やしき》の外《そと》にある牛車《ぎっしゃ》に乗《の》っているのに、髪《かみ》の毛先《けさき》はまだ屋敷《やしき》の部屋《へや》のなかにのこっていたほどです。今《いま》ならギネス世界記録《せかいきろく》に認定《にんてい》されそうな長《なが》さです。

待賢門院堀河《たいけんもんいんのほりかわ》も、さぞ素敵《すてき》な長《なが》い髪《かみ》を持《も》っていたのかというと……。

〈ながからむ《ん》〉は崇徳院《すとくいん》77の命令《めいれい》によって十四人《じゅうよにん》の歌人《かじん》たちが、決《き》められ

た題《だい》でそれぞれ百首《ひゃくしゅ》を詠《よ》んだ「久安百《きゅうあんひゃく》首《しゅ》」のなかの一首《いっしゅ》。

実際《じっさい》の恋人《こいびと》とのやりとりで詠《よ》まれた歌《うた》ではありません。

そして、**乱《みだ》れる髪《かみ》で恋《こい》の不安《ふあん》を表《あらわ》した歌《うた》が詠《よ》まれたのは、堀河《ほりかわ》さんが出家《しゅっけ》したあとでした。**

長《なが》い長《なが》い髪《かみ》は、もうすでに肩《かた》までの長《なが》さに切《き》られていたのです。

恋《こい》も、長《なが》い髪《かみ》も、もう失《うしな》ってしまったからこそ、こんなにつやめく美《うつく》しい歌《うた》になったのかもしれません。

堀河《ほりかわ》さんがお仕《つか》えした「待賢門院《たいけんもんいん》」は、崇徳院《すとくいん》と後白河天皇《ごしらかわてんのう》のお母《かあ》さんです。ふたりが戦《たたか》った「保元《ほうげん》の乱《らん》」ののち、待賢門院《たいけんもんいん》と**堀河《ほりかわ》**さんは出家《しゅっけ》して髪《かみ》を切《き》ったのでした。

#恋《こい》 #黒髪《くろかみ》 #不安《ふあん》な恋《こい》 #待賢門院《たいけんもんいん》 #中宮璋子《ちゅうぐうしょうし》 #女房《にょうぼう》 #崇徳院《すとくいん》

〈朝《あさ》ぼらけ・あ〉の坂上是則《さかのうえのこれのり》は……

日本《にほん》情緒《じょうちょ》あふれる地《ち》で、漢詩《かんし》をパクる!?

朝《あさ》ぼらけ　ありあけの月《つき》と　見《み》るまでに　吉野《よしの》の里《さと》に　降《ふ》れる白雪《しら》《ゆき》

坂上是則《さかのうえのこれのり》

歌《うた》の意味《いみ》

夜《よる》がほのぼのと
明《あ》けるころ、
有明《ありあけ》の月《つき》と
見違《みちが》えるほど明《あか》るく
吉野《よしの》の里《さと》に
降《ふ》り続《つづ》いている
白雪《しらゆき》よ。

DATA
- 歌番号《うたばんごう》：31首目《しゅめ》
- 本名《ほんみょう》：坂上是則《さかのうえのこれのり》
- 活躍《かつやく》した時代《じだい》：平安《へいあん》
- 出典《しゅってん》：『古今和歌集《こきんわかしゅう》』

平安貴族《へいあんきぞく》たちにとってあこがれの「吉野《よしの》」。春《はる》は桜《さくら》、冬《ふゆ》は雪景色《ゆきげしき》が美《うつく》しいのです。〈よき人《ひと》の　よしとよく見《み》て　よしといひし　吉野《よしの》よく見《み》よ　よき人《ひと》は見《み》つ〉（立派《りっぱ》な人《ひと》がよい所《ところ》だとよく見《み》て「よし」と言《い》った吉野《よしの》をよく見《み》なさいよ。立派《りっぱ》な人《ひと》もよく見《み》なさい）と天武天皇《てんむてんのう》が歌《うた》にしたほど。

この歌《うた》は、宴会《えんかい》のときにアドリブで詠《よ》まれ、やたらリズムが良《よ》いので、ラップ（「お題《だい》は吉野《よしの》だYO!」）っぽい!

吉野《よしの》の美《うつく》しい風景《ふうけい》を見《み》た坂上是則《さかのうえのこれのり》も、自分《じぶん》なりに吉野《よしの》を表現《ひょうげん》したのかと思《おも》いきや……。大江千里《おおえのちさと》㉓のように、元々《もともと》あった漢詩《かんし》を翻訳《ほんやく》&アレンジしたのでした。

#冬《ふゆ》　#雪《ゆき》　#月《つき》　#吉野《よしの》　#蹴鞠《けまり》　#坂上田村麻呂《さかのうえのたむらまろ》　#三十六歌仙《さんじゅうろっかせん》　#あさぼらけ・あ

〈朝《あさ》ぼらけ・う〉の権中納言定頼《ごんちゅうなごんさだより》は……かるた取《と》りで、きらわれる⁉

朝《あさ》ぼらけ
宇治《うじ》の川《かわ》ぎり
たえだえに
あらはれわたる
せぜのあじろ木《ぎ》

権中納言定頼《ごんちゅうなごんさだより》

「むすめふさほせ」はたった一音《いちおん》だけでどの歌《うた》が読《よ》まれたのかわかる「一字決《いちじき》まり」の歌《うた》のはじめの一文字《いちもじ》です。

その反対《はんたい》、**長《なが》く聞《き》かないとわからないのは〈きみがため〉〈わたの原《はら》〉そして〈朝《あさ》ぼらけ〉ではじまる歌《うた》**です。六音目《ろくおんめ》まで札《ふだ》に触《さわ》るのをガマンしなければいけません。「大山札《おおやまふだ》」と呼《よ》ばれ、**お手《て》つきしやすいので、かるた取《と》りできらわれもの**です。

『源氏物語《げんじものがたり》』の「宇治十帖《うじじゅうじょう》」の世界《せかい》のような幻想的《げんそうてき》な**〈朝《あさ》ぼらけ〉**。作者《さくしゃ》の**藤原定頼《ふじわらのさだより》は小式部内侍《こしきぶのないし》⑥⓪に「お母《かあ》さんからの手紙《てがみ》は届《とど》きましたか？」**とちょっかいを出《だ》した人《ひと》でもあります。

歌《うた》の意味《いみ》

夜《よ》がほのぼのと明《あ》けるころ、宇治川《うじがわ》に立《た》ちこめていた霧《きり》がとぎれとぎれに晴《は》れて、川瀬《かわせ》の網代木《あじろぎ》（クイ）が現《あらわ》れてきました。

DATA
- 歌番号《うたばんごう》：64首目《しゅめ》
- 本名《ほんみょう》：藤原定頼《ふじわらのさだより》
- 活躍《かつやく》した時代《じだい》：平安《へいあん》
- 出典《しゅってん》：『千載和歌集《せんざいわかしゅう》』

#冬《ふゆ》 #宇治《うじ》 #宇治十帖《うじじゅうじょう》 #藤原公任《ふじわらのきんとう》 #中古三十六歌仙《ちゅうこさんじゅうろっかせん》 #あさぼらけ・う

〈ちぎりきな〉の清原元輔《きよはらのもとすけ》は……
みんなの前《まえ》で馬《うま》から落《お》ちて恥《はじ》をかく！

ちぎりきな
かたみにそでを
しぼりつつ
末《すえ》の松山《まつやま》
波《なみ》こさじとは

清原元輔《きよはらのもとすけ》

歌《うた》の意味《いみ》

約束《やくそく》しましたね、
お互《たが》いに涙《なみだ》でぬれる
袖《そで》をしぼりながら。
末《すえ》の松山《まつやま》をけっして
波《なみ》が越《こ》えないように、
けっして心変《こころが》わりを
しないと。

DATA
- 歌番号《うたばんごう》：42首目《しゅめ》
- 本名《ほんみょう》：清原元輔《きよはらのもとすけ》
- 活躍《かつやく》した時代《じだい》：平安《へいあん》
- 出典《しゅってん》：『後拾遺和歌集《ごしゅういわかしゅう》』

庭《にわ》に梨《なし》の木《き》が植《う》えられた建物《たてもの》で、歌《うた》に関《かん》する仕事《しごと》をする「梨壺《なしつぼ》の五人《ごにん》」のメンバーとして活躍《かつやく》した**清原元輔《きよはらのもとすけ》**。

歌人《かじん》の戦隊《せんたい》ヒーローみたいでなんかカッコいい梨壺《なしつぼ》の五人《ごにん》ですが、**元輔《もとすけ》**さんは、おもしろいエピソードが多《おお》いので、戦隊《せんたい》ヒーローならイエローレンジャー（お調子者《ちょうしもの》）でしょうか。

あるとき祭《まつ》りの使者《ししゃ》として**急《いそ》いでいた元輔《もとすけ》さんは、馬《うま》から落《お》ちて冠《かんむり》がポロリ。みんなに大笑《おおわら》いされてしまいます**（冠《かんむり》が落《お》ちるのは、今《いま》ならズボンがぬげちゃうようなはずかしさ）。

夕日《ゆうひ》でかがやく髪《かみ》のうすい頭《あたま》をさら

#清少納言《せいしょうなごん》　#歌枕《うたまくら》　#倒置法《とうちほう》　#三十六歌仙《さんじゅうろっかせん》　#ちぎりき

しながら、**元輔**《もとすけ》さんは「冠《かんむり》は髪《かみ》をなかに入《い》れてとめるもの。**年**《とし》**を取**《と》**って髪**《かみ》**が少**《すく》**ないのだから、冠**《かんむり》**が落**《お》**ちるのはしかたないではないか！**」と堂々《どうどう》と言《い》いました。それから冠《かんむり》を持《も》ってこさせて、やっとかぶったのでした。

娘《むすめ》の清少納言《せいしょうなごん》62も髪《かみ》のボリュームが少《すく》ないのでウイッグをつけている、と『枕草子《まくらのそうし》』に書《か》いています。

〈ちぎりきな〉は**失恋**《しつれん》**した人**《ひと》**に代**《か》**わって、元輔**《もとすけ》**さんが詠**《よ》**んであげた歌**《うた》です（ゴーストライターならぬ、ゴースト歌人《かじん》）。

〈けっして波《なみ》が越《こ》えない〉と歌《うた》われた歌枕《うたまくら》・末《すえ》の松山《まつやま》（今《いま》の宮城県《みやぎけん》多賀城《たがじょう》市《し》）は平安時代以降《へいあんじだいいこう》も大地震《だいじしん》に何度《なんど》あっても、津波《つなみ》が越《こ》えることはありませんでした。

〈夏《なつ》の夜《よ》は〉の清原深養父《きよはらのふかやぶ》は……

優秀《ゆうしゅう》な歌人《かじん》だったせいで、ひ孫《まご》がグレる!?

夏《なつ》の夜《よ》は
まだ宵《よい》ながら
明《あ》けぬるを
雲《くも》のいづ《ず》こに
月《つき》やどるらむ《ん》

清原深養父《きよはらのふかやぶ》

歌《うた》の意味《いみ》

夏《なつ》の夜《よる》は、まだ宵《よい》だと思《おも》っているうちに明《あ》けてしまった。雲《くも》のどのあたりに、お月《つき》さまは宿《やど》をとっているのだろうか。

DATA

- 歌番号《うたばんごう》：36首目《しゅめ》
- 本名《ほんみょう》：清原深養父《きよはらのふかやぶ》
- 活躍《かつやく》した時代《じだい》：平安《へいあん》
- 出典《しゅってん》：『古今和歌集《こきんわかしゅう》』

〈夏《なつ》の夜《よ》は〉は〈こんなに早《はや》く明《あか》るくなってしまって、お月《つき》さまは山《やま》の向《む》こうの家《いえ》まで帰《かえ》りつけなかったけれど、大丈夫《だいじょうぶ》かなあ?〉と心配《しんぱい》するやさしい歌《うた》です。

琴《こと》が上手《じょうず》で、歌人《かじん》としても評判《ひょうばん》の高《たか》かった**清原深養父《きよはらのふかやぶ》**さんは清原元輔《きよはらのもとすけ》㊷のおじいさんで、清少納言《せいしょうなごん》62のひいおじいさんでもあります。

清少納言《せいしょうなごん》は「上手《じょうず》に歌《うた》が詠《よ》めるならいいですけれど……。そうではないので調子《ちょうし》に乗《の》って歌《うた》を詠《よ》んだりしたら、亡《な》き先祖《せんぞ》に申《もう》しわけないです」と言《い》って、どんなに「歌《うた》を詠《よ》んでごらん」と

#紀貫之《きのつらゆき》　#擬人法《ぎじんほう》　#中古三十六歌仙《ちゅうこさんじゅうろっかせん》　#なつ

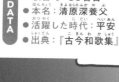

言《い》われても断《ことわ》ります（定子《ていし》がやさしかったので「それなら好《す》きにしなさい。わたしは詠《よ》めとは言《い》いません」とわがままを許《ゆる》してくれました）。「元輔《もとすけ》の娘《むすめ》、と言《い》われなければ千首《せんしゅ》だって歌《うた》を詠《よ》んだのに！」とまで開《ひら》き直《なお》っています。

ひいおじいさん&お父《とう》さんが立派《りっぱ》な歌人《かじん》だったので、清少納言《せいしょうなごん》へのプレッシャーがすごかったのですね。

自分《じぶん》のせいでひ孫《まご》が歌《うた》をあまり詠《よ》まなかったなんて聞《き》いたら、心《こころ》やさしい深養父《ふかやぶ》さんが泣《な》いちゃいそう！

でも歌《うた》を詠《よ》まなかったからこそ、清《せい》少納言《しょうなごん》は『枕草子《まくらのそうし》』によって、歌《うた》でも日記《にっき》でもない新《あたら》しいジャンル「随筆《ずいひつ》（エッセイ）」を生《う》み出《だ》したのですから、親《おや》と違《ちが》う道《みち》を歩《あゆ》むのも大切《たいせつ》です！

#夏《なつ》 #月《つき》 #夜明《よあ》けが早《はや》い #雲《くも》 #琴《こと》の名手《めいしゅ》 #清少納言《せいしょうなごん》 #清原元輔《きよはらのもとすけ》

〈さびしさに〉の良暹法師《りょうぜんほうし》は……

ひとりぼっちに、たえられない……！

良暹法師《りょうぜんほうし》

さびしさに
宿《やど》を立《た》ちいでて
ながむれば
いづ《ず》こも同《おな》じ
秋《あき》の夕《ゆう》ぐれ

歌《うた》の意味《いみ》

あまりにさびしいので
家《いえ》を出《で》てあたりを
見渡《みわた》してみると、
どこも同《おな》じように
さびしさの
広《ひろ》がっている
秋《あき》の夕暮《ゆうぐ》れ。

DATA

- 歌番号《うたばんごう》：**70首目《しゅめ》**
- 名前《なまえ》：**良暹《りょうぜん》**
- 活躍《かつやく》した時代《じだい》：**平安《へいあん》**
- 出典《しゅってん》：**『後拾遺和歌集《ごしゅういわかしゅう》』**

ひとりぼっちで家《いえ》にこもっていたらすごくさびしくなって、外《そと》へ出《で》てみた**良暹法師《りょうぜんほうし》**。たしかに外《そと》の空気《くうき》を吸《す》ってリフレッシュしたほうが、元気《げんき》になれそう。

若《わか》いころは比叡山《ひえいざん》でたくさんの仲間《なかま》たちといっしょに修行《しゅぎょう》していたからこそ、ひとりがなおさらさびしかったのでしょう。

もともと「秋《あき》」といえば「紅葉《こうよう》」でした。それが「秋《あき》は夕暮《ゆうぐ》れ」と『枕草子《まくらのそうし》』に清少納言《せいしょうなごん》62が書《か》き、**〈さびしさに〉**と**良暹法師《りょうぜんほうし》**が詠《よ》んだことで、だんだん寒くなる秋と、日《ひ》が沈《しず》んで一日《いちにち》が終《お》わる夕暮《ゆうぐ》れが結《むす》びついて「秋《あき》の夕暮《ゆうぐ》れはさびしいな」という歌《うた》が流行《りゅうこう》するようになったのでした。

#秋《あき》　#ひとり　#秋《あき》の夕暮《ゆうぐ》れ　#大原《おおはら》　#比叡山《ひえいざん》　#延暦寺《えんりゃくじ》　#歌合《うたあわせ》　#さ

〈夕《ゆう》されば〉の大《だい》納《な》言《ごん》経《つね》信《のぶ》は……

わざと遅《ち》刻《こく》して、才《さい》能《のう》を自《じ》慢《まん》する!?

夕《ゆう》されば
門《かど》田《た》の稲《いな》葉《ば》
おとづ《ず》れて
あしのまろやに
秋《あき》風《かぜ》ぞ吹《ふ》く

大《だい》納《な》言《ごん》経《つね》信《のぶ》

歌《うた》の意《い》味《み》

夕方《ゆうがた》になると、
家《いえ》の門前《もんぜん》の
田《た》んぼの稲葉《いなば》が
音《おと》を立《た》てて、
葦《あし》で屋《や》根《ね》をふいた
そまつなこの小屋《こや》にも
秋風《あきかぜ》が吹《ふ》いてくる。

DATA
- 歌番号《うたばんごう》：71首目《しゅめ》
- 本名《ほんみょう》：源《みなもとの》 経信《つねのぶ》
- 活躍《かつやく》した時代《じだい》：平安《へいあん》
- 出典《しゅってん》：『金葉和歌集《きんようわかしゅう》』

約束《やくそく》した時間《じかん》を守《まも》ることは、とても大事《だいじ》です。でも、みんなを待《ま》たせて遅《おく》れて現《あらわ》れると……確《たし》かに目立《めだ》ちます（ピンチになってから正義《せいぎ》の味方《みかた》が登場《とうじょう》するように）。

あるとき白河天皇《しらかわてんのう》が、大堰川《おおいがわ》に三《みっ》つの舟《ふね》を浮《う》かべました。《漢詩《かんし》を作《つく》る舟《ふね》》《歌《うた》を詠《よ》む舟《ふね》》《楽器《がっき》を演奏《えんそう》する舟《ふね》》です。それぞれの分野《ぶんや》で活躍《かつやく》する人《ひと》たちが乗《の》りましたが、**源経信《みなもとのつねのぶ》が時間《じかん》になっても来《き》ません。**

舟《ふね》が岸《きし》を離《はな》れたときにやっと来《き》て「おーい、どの舟《ふね》でもいいので乗《の》せてくれ！」と大声《おおごえ》で言《い》いました。**三《みっ》つの舟《ふね》のどの才能《さいのう》もあるので、このセリフを言《い》いたくてわざと遅刻《ちこく》してきた、とうわさされたのでした。**

#秋《あき》 #田家秋風《でんかのあきかぜ》 #三船《さんせん》の才《さい》 #琵琶《びわ》の名手《めいしゅ》 #源俊頼《みなもとのとしより》 #俊恵法師《しゅんえほうし》 #ゆふ

〈陸奥《みちのく》の〉の河原左大臣《かわらのさだいじん》は……

幽霊《ゆうれい》になっても、自慢《じまん》の豪邸《ごうてい》に住《す》みつく!?

陸奥《みちのく》の　しのぶもぢ《じ》ずり　たれゆゑ《え》に
みだれそめにし　われならなくに

河原左大臣《かわらのさだいじん》

歌《うた》の意味《いみ》

陸奥《むつ》の染物《そめもの》「しのぶもじずり」の模様《もよう》のように、誰《だれ》のせいで心《こころ》が乱《みだ》れはじめたのでしょう。わたしのせいではないのに。

DATA

- 歌番号《うたばんごう》：14首目《しゅめ》
- 本名《ほんみょう》：源《みなもとの》 融《とおる》
- 活躍《かつやく》した時代《じだい》：平安《へいあん》
- 出典《しゅってん》：『古今和歌集《こきんわかしゅう》』

陽成院《ようぜいいん》⑬の次《つぎ》の天皇《てんのう》を誰《だれ》にしようか……とさわぎになったとき、「はい！次《つぎ》はわたしが！」とぐいぐい立候補《りっこうほ》したのが源融《みなもとのとおる》です。結局天皇《けっきょくてんのう》にはなれなかったものの、ナンバーツーである左大臣《さだいじん》にまで出世《しゅっせ》し、さらに大金持《おおがねも》ちだったので大《おお》きなお屋敷《やしき》と別荘《べっそう》を持《も》っていました。

自宅《じたく》である「河原院《かわらのいん》」には奥州《おうしゅう》・塩《しお》釜《がま》の美《うつく》しい風景《ふうけい》を再現《さいげん》した庭《にわ》があり、毎日《まいにち》たくさんの使用人《しようにん》に大阪《おおさか》の難波《なにわ》の浦《うら》から海水《かいすい》を運《はこ》ばせ、その海水《かいすい》で塩《しお》を作《つく》るパフォーマンスも（自宅《じたく》がテーマパーク並《な》みに）！

#平等院《びょうどういん》　#序詞《じょことば》　#縁語《えんご》　#倒置法《とうちほう》　#みち

きゅうくつ

もらった
のに
失礼だゾ

遊びにきた在原業平⑰も〈いつのま
に塩釜に来たのだろう〉と感動して
歌ったほど。十円硬貨の表のイラスト
になっている宇治の「平等院鳳凰堂」
も、元は融さんの別荘でした。

融さんは、河原院がよっぽどお気に
入りだったのか、死んだあとも幽霊に
なって屋敷にとどまります。

宇多法皇が河原院に泊まっていたと
き、夜中に融さんの幽霊が現れ「法皇
がいるときゅうくつです」と文句を言
います。「きみの子孫がくれたから住
んでいるのだぞ! 幽霊とはいえ失礼
だ!」と法皇が大声を出すと、ふっと
消えてしまいました。

恵慶法師㊼が歌会を開いていたあの
「お化け屋敷」とはこの河原院のこと
でした。

　#恋　#乱れ模様　#嵯峨天皇　#宇多法皇　#在原業平　#紀貫之

〈田子《たご》の浦《うら》に〉の山部赤人《やまべのあかひと》は……

後世《こうせい》の人《ひと》に歌《うた》を改造《かいぞう》される！

田子《たご》の浦《うら》に
うちいでて見《み》れば
白《しろ》たへの
富士《ふじ》の高《たか》ねに
雪《ゆき》は降《ふ》りつつ

山部赤人《やまべのあかひと》

歌《うた》の意味《いみ》

田子《たご》の浦《うら》（静岡県富士市《しずおかけんふじし》）の海岸《かいがん》に出《で》て遠《とお》くを見《み》ると、真《ま》っ白《しろ》な富士山《ふじさん》のてっぺんに今《いま》も雪《ゆき》が降《ふ》り続《つづ》いているよ！

DATA

- 歌番号《うたばんごう》：4首目《しゅめ》
- 本名《ほんみょう》：山部赤人《やまべのあかひと》
- 活躍《かつやく》した時代《じだい》：飛鳥《あすか》～奈良《なら》
- 出典《しゅってん》：『新古今和歌集《しんこきんわかしゅう》』

日本《にほん》でいちばん高《たか》く、いちばん有名《ゆうめい》な歌枕《うたまくら》である「富士山《ふじさん》」。

京《きょう》の都《みやこ》から東《ひがし》へ向《む》かう旅《たび》の途中《とちゅう》、海岸《かいがん》に出《で》て見《み》ると、そこには白《しろ》く雪《ゆき》をかぶった富士山《ふじさん》の姿《すがた》がどーん！　と現《あらわ》れます。**〈田子《たご》の浦《うら》に〉**の風景《ふうけい》をそのまま写真《しゃしん》にしたら、SNSで「いいね！」がたくさんつきそうです。

さすが自然《しぜん》を詠《よ》むのが得意《とくい》な**山部赤人《やまべのあかひと》**！　柿本人麻呂《かきのもとのひとまろ》❸とともに「歌聖《かせい》（とても優《すぐ》れた歌人《かじん》）」と呼《よ》ばれるのも納得《なっとく》です。

でも〈雪《ゆき》が降《ふ》り続《つづ》いているよ！〉って、あんなに高《たか》い富士山《ふじさん》の山頂《さんちょう》に、今《いま》

#歌聖《かせい》　#歌枕《うたまくら》　#枕詞《まくらことば》　#三十六歌仙《さんじゅうろっかせん》　#たご

まさに雪《ゆき》が降《ふ》っているのが見《み》えるなんて……。いくら歌《うた》の神様《かみさま》とはいえ、目《め》にズーム機能《きのう》がついていたはずもないし……（現代《げんだい》ならドローンで撮影《さつえい》した映像《えいぞう》を見《み》て詠《よ》んだ、といえばOK？）。

この歌《うた》は『万葉集《まんようしゅう》』にある、**山部赤人《やまべのあかひと》**が詠《よ》んだ〈田子《たご》の浦《うら》**ゆ** うちいでて見《み》れば **ま白《しろ》にぞ** 富士《ふじ》の高《たか》ねに 雪《ゆき》は降《ふ》り**ける**〉を平安時代《へいあんじだい》の人《ひと》が改作《かいさく》したもの。元《もと》の歌《うた》は白《しろ》い富士山《ふじさん》が見《み》えて「わ、雪《ゆき》が降《ふ》ってた！」と気《き》がついているので、とっても自然《しぜん》だったのに……。

改作後《かいさくご》の〈田子《たご》の浦《うら》に〉は評判《ひょうばん》が悪《わる》く、ほかの部分《ぶぶん》も「〈ま白《しろ》にそ〉のほうが力強《ちからづよ》くていいよね」と、平安時代《へいあんじだい》の人《ひと》が勝手《かって》に自分《じぶん》たちの好《この》みに優雅《ゆうが》な歌《うた》にしてしまったのは、どうやらよけいな改作《かいさく》だったようです。

SYONBORI HYAKUNIN ISSHU

#冬《ふゆ》 #雪《ゆき》 #富士山《ふじさん》 #田子《たご》の浦《うら》 #絶景《ぜっけい》 #雄大《ゆうだい》 #万葉集《まんようしゅう》 #宮廷歌人《きゅうていかじん》

〈山川《やまがわ》に〉の春道列樹《はるみちのつらき》は……

人気《にんき》スポットを題材《だいざい》にするも、すっかりさびれる！

山川《やまがわ》に
風《かぜ》のかけたる
しがらみは
流《なが》れもあへ《え》ぬ
もみぢ《じ》なりけり

春道列樹《はるみちのつらき》

歌《うた》の意味《いみ》

山《やま》の中《なか》を
流《なが》れる川《かわ》に
風《かぜ》がかけた
しがらみは
流《なが》れることが
できずにいる
紅葉《もみじ》であったよ。

DATA

- 歌番号《うたばんごう》：32首目《しゅめ》
- 本名《ほんみょう》：春道列樹《はるみちのつらき》
- 活躍《かつやく》した時代《じだい》：平安《へいあん》
- 出典《しゅってん》：『古今和歌集《こきんわかしゅう》』

〈山川《やまがわ》に〉は、**春道列樹《はるみちのつらき》**が京《きょう》から大津《おおつ》へ抜《ぬ》ける「滋賀《しが》の山越《やまご》え」をしているときに詠《よ》まれました。

天智天皇《てんじてんのう》❶が作《つく》った人気《にんき》の観光《かんこう》スポット「志賀寺《しがでら》」へ行《い》くために、旅装束《たびしょうぞく》の女性《じょせい》たちも、にぎやかに歩《ある》いています。

しかし**志賀寺《しがでら》は何度《なんど》も火災《かさい》にあって廃寺《はいじ》になり、すっかりブームが過《す》ぎ去《さ》り、忘《わす》られてしまいました。**

みんな大行列《だいぎょうれつ》していたスイーツ屋《や》さん。あまりにもたくさんお店《みせ》ができすぎて、今《いま》やすっかりお客《きゃく》さんが減《へ》り、ついには閉店《へいてん》……。現代《げんだい》でも同《おな》じく、ブームが過《す》ぎ去《さ》ってしまうと、なんともさびしいものです。

#秋《あき》 #紅葉《もみじ》 #京都《きょうと》 #大津《おおつ》 #滋賀《しが》の山越《やまご》え #擬人法《ぎじんほう》 #やまが

〈吹くからに〉の文屋康秀は……ダジャレみたいな歌を詠む！

吹くからに
秋の草木の
しをるれば
むべ山風を
あらしといふらむ

文屋康秀

歌の意味

吹くとすぐに
秋の草木を
しおれさせてしまう。
そうか、だから
山から吹く風を
「嵐」というの
だろうか。

DATA
● 歌番号：22首目
● 本名：文屋康秀
● 活躍した時代：平安
● 出典：『古今和歌集』

漢字を覚えるときに「ハ」に「ム」で「公」のように分解して覚えることがあります。

文屋康秀も「山」に「風」で「嵐」だ！と、発見してすごくうれしそう。歌の中身はほとんどなく、ただのダジャレみたいですが、ユーモラスで確かに覚えやすいです。

もともとは漢詩のテクニックで、紀友則33も「木」「毎」で「梅」、なんて歌を詠んでいます。

康秀さんは小野小町9と歌を送りあったり、在原業平17といっしょに歌を詠んだり、身分は低くても友だちに恵まれて充実した日々を過ごしていたようです。

山＋風
ビュー
山風
嵐

#秋　#漢字の覚え方　#六歌仙　#中古三十六歌仙　#文屋朝康　#掛詞　#ふ

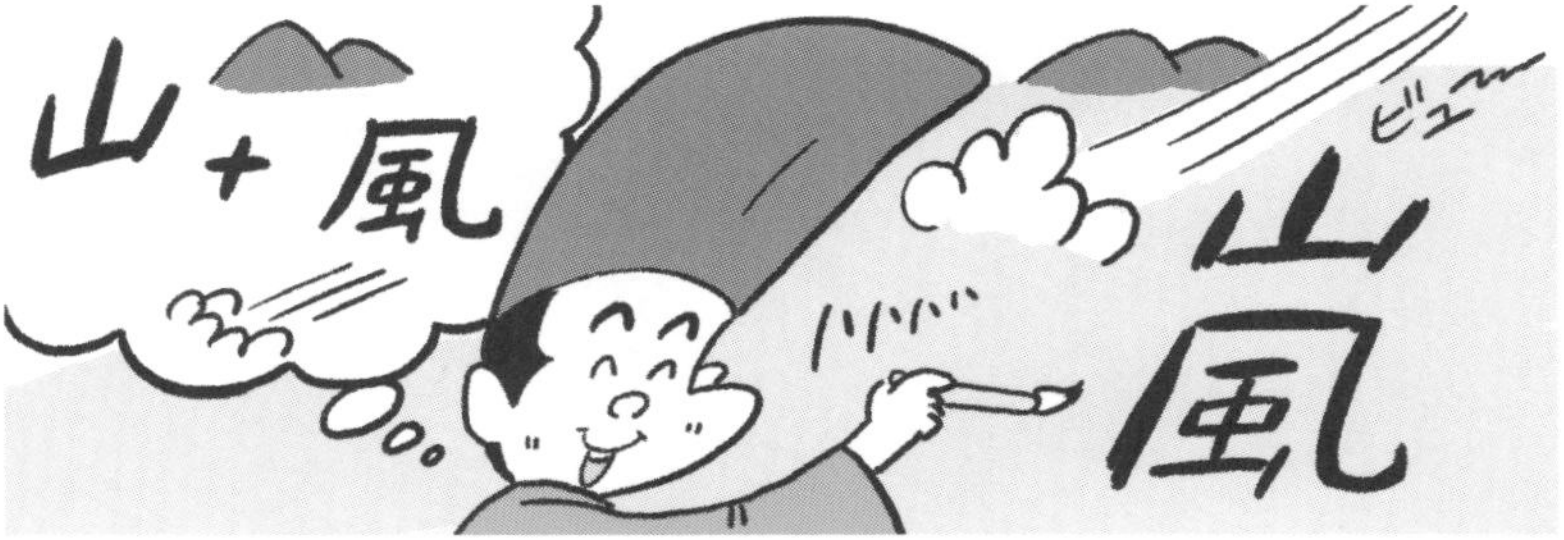

〈人《ひと》はいさ〉の紀貫之《きのつらゆき》は……

女性《じょせい》になりすまして日記《にっき》を書《か》く！

人《ひと》はいさ　心《こころ》も知《し》らず　ふるさとは
花《はな》ぞ昔《むかし》の　香《か》ににほ《お》ひ《い》ける
紀貫之《きのつらゆき》

歌《うた》の意味《いみ》

人《ひと》の心《こころ》はさあ、
わかりません。
けれど、ふるさとでは
梅《うめ》の花《はな》が
昔《むかし》のまま美《うつく》しく
香《かお》りをただよわせて
います。

DATA
- 歌番号《うたばんごう》：35首目《しゅめ》
- 本名《ほんみょう》：紀貫之《きのつらゆき》
- 活躍《かつやく》した時代《じだい》：平安《へいあん》
- 出典《しゅってん》：『古今和歌集《こきんわかしゅう》』

〈人《ひと》はいさ〉は**紀貫之《きのつらゆき》**が奈良《なら》へ旅行《りょこう》して、知人《ちじん》の家《いえ》を訪《たず》ねたときの歌《うた》。**貫之《つらゆき》**さん、土佐《とさ》から都《みやこ》へ戻《もど》る旅《たび》は旅《りょ》行記《こうき》として書《か》きのこしています。

「男性《だんせい》が書《か》くという『日記《にっき》』というものを、**女性《じょせい》のわたしも書《か》いてみようと思《おも》う」**とはじまる**『土佐日記《とさにっき》』**です。

……あれ？　貫之《つらゆき》さん、男性《だんせい》なのに？

平安時代《へいあんじだい》、仕事《しごと》の文章《ぶんしょう》や日記《にっき》はすべて漢字《かんじ》で書《か》かれていました。

ひらがなが使《つか》われるのは歌《うた》を詠《よ》むときと、手紙《てがみ》のやり取《と》りのときです（テストや宿題《しゅくだい》で絵文字《えもじ》は使《つか》わないけれど、友《とも》だちとのやりとりでは使《つか》うような分《わ》

け方《かた》)。

そしてひらがなは「女手《おんなで》」とも呼《よ》ばれ、おもに女性《じょせい》が使用《しよう》していました。漢字《かんじ》を書《か》くと「女性《じょせい》なのに漢字《かんじ》を使《つか》うなんて!」といやがられるので、紫式部《むらさきしきぶ》57は漢字《かんじ》の「一《いち》」も書《か》けないふりをしていました。

漢字《かんじ》ではなく、ひらがなで書《か》かないと伝《つた》えられない気持《きも》ちがある。でもひらがなは女性《じょせい》が使《つか》う文字《もじ》だし……。

そうだ! いいこと思《おも》いついた!

と、貫之《つらゆき》さんは「紀貫之《きのつらゆき》にお仕《つか》えする女房《にょうぼう》になったつもりで文章《ぶんしょう》を書《か》く」という裏《うら》ワザを思《おも》いついたのでした。

そんな貫之《つらゆき》さんの型破《かたやぶ》りなアイディアが『蜻蛉日記《かげろうにっき》』『和泉式部日記《いずみしきぶにっき》』『枕草子《まくらのそうし》』『源氏物語《げんじものがたり》』へと続《つづ》く新《あたら》しい道《みち》を切《き》り開《ひら》いたのでした。

〈逢《お》ふ《う》ことの〉の中《ちゅう》納《な》言《ごん》朝《あさ》忠《ただ》は……

大《おお》食《ぐ》いキャラとかんちがいされる！

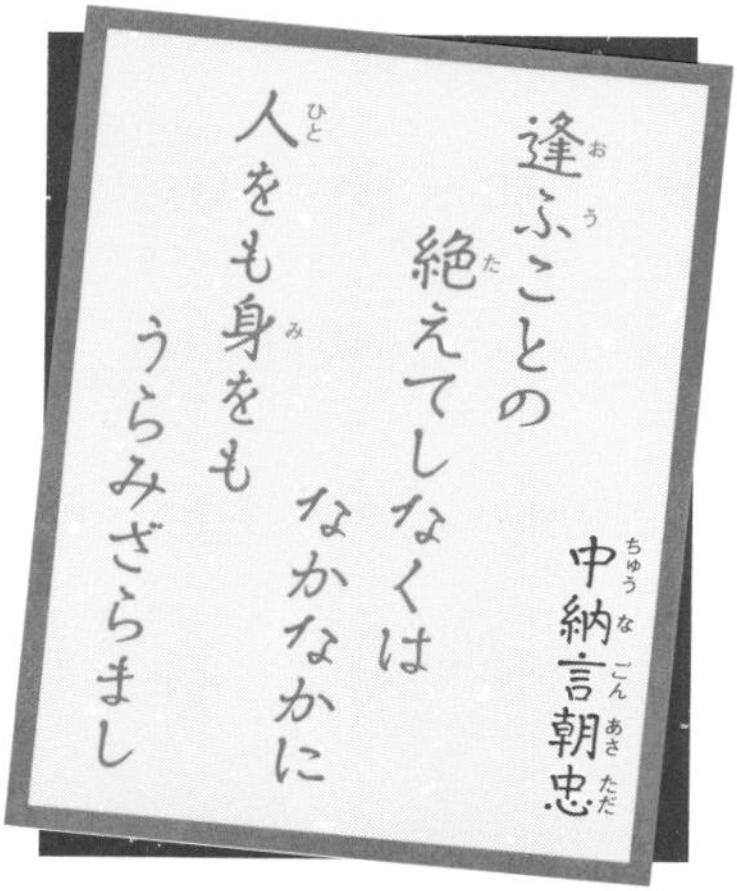

歌《うた》の意《い》味《み》

もし、あなたに会《あ》うことがまったくなかったら、かえってあなたのことも自《じ》分《ぶん》の身《み》もうらんだりしなくてすんだのに。

DATA

- 歌番号《うたばんごう》：44首目《しゅめ》
- 本名《ほんみょう》：藤原朝忠《ふじわらのあさただ》
- 活躍《かつやく》した時代《じだい》：平安《へいあん》
- 出典《しゅってん》：『拾遺和歌集《しゅういわかしゅう》』

江《え》戸《ど》時《じ》代《だい》に『百《ひゃく》人《にん》一《いっ》首《しゅ》一《ひと》夕《よ》話《がたり》』という、百《ひゃく》人《にん》一《いっ》首《しゅ》の解《かい》説《せつ》本《ぼん》がベストセラーになりました。

それによると**藤原朝忠**《ふじわらのあさただ》はとても太《ふと》っていて、**座《すわ》るのも苦《くる》しいので医《い》者《しゃ》を呼《よ》んでダイエットの相《そう》談《だん》**をしたそうです。

「ごはんに冬《ふゆ》はお湯《ゆ》をかけて、夏《なつ》は水《みず》をかけて食《た》べなさい」とアドバイスされます（炭《たん》水《すい》化《か》物《ぶつ》ばかりで、今《いま》ならトレーナーに怒《おこ》られそう）。

しばらくして「言《い》われたとおりにしているのに、なかなかやせない！」というので、医《い》者《しゃ》が屋《や》敷《しき》に行《い》って食《しょく》事《じ》の様《よう》子《す》を見《み》てみると……。

#三条右大臣《さんじょうのうだいじん》　#右近《うこん》　#大和物語《やまとものがたり》　#三十六歌仙《さんじゅうろっかせん》　#あふこ

山盛《やまも》りのおかずに、ごはんはどんぶりに大盛《おおも》り。そこに水《みず》をちょろっと垂《た》らしてあっという間《ま》に食《た》べ終《お》え、さらに「おかわり！」。

医者《いしゃ》もすっかりあきれてしまいましたとさ……、というエピソードが紹介《しょうかい》されています。

でも、実《じつ》はこれは朝忠《あさただ》さんではなく、別《べつ》の「三条中納言《さんじょうちゅうなごん》」のお話《はなし》。

「中納言《ちゅうなごん》」だったのと、お父《とう》さんが三《さん》条右大臣《じょうのうだいじん》㉕だったので、まちがえられてしまったようなのです。

かるたや百人一首《ひゃくにんいっしゅ》の歌人《かじん》の絵《え》では、朝忠《あさただ》さんがぽっちゃり体型《たいけい》に描《えが》かれてしまうことも……。

右近《うこん》㊳との恋《こい》の歌《うた》のやりとりものこっており、実際《じっさい》には笛《ふえ》と歌《うた》の上手《じょうず》な恋多《こいおお》き貴公子《きこうし》だったようです。

#恋《こい》　#会《あ》えなくなった恋《こい》　#うらみ　#天徳内裏歌合《てんとくだいりうたあわせ》　#笛《ふえ》の名手《めいしゅ》

〈み吉《よし》野《の》の〉の参《さん》議《ぎ》雅《まさ》経《つね》は……

夜《よ》中《なか》の騒《そう》音《おん》を歌《うた》にする！

み吉《よし》野《の》の　山《やま》の秋《あき》風《かぜ》　さ夜《よ》ふけて
ふるさと寒《さむ》く　衣《ころも》うつなり

参《さん》議《ぎ》雅《まさ》経《つね》

歌《うた》の意《い》味《み》

吉《よし》野《の》の山《やま》から秋《あき》風《かぜ》が吹《ふ》き、夜《よる》も次《し》第《だい》にふけてきた。古《ふる》い都《みやこ》であったこの里《さと》に、衣《ころも》を打《う》つ音《おと》が寒《さむ》々《ざむ》と聞《き》こえてくることだ。

DATA

- 歌《うた》番《ばん》号《ごう》：94首《しゅ》目《め》
- 本《ほん》名《みょう》：藤原《ふじわらの》（飛《あす》鳥《か》井《い》）雅《まさ》経《つね》
- 活《かつ》躍《やく》した時《じ》代《だい》：平《へい》安《あん》～鎌《かま》倉《くら》
- 出《しゅっ》典《てん》：『新《しん》古《こ》今《きん》和《わ》歌《か》集《しゅう》』

〈み吉《よし》野《の》の〉に出《で》てくる**〈衣《ころも》うつ〉**とは、ごわごわした布《ぬの》をやわらかくするために「砧《きぬた》」という木《き》の棒《ぼう》で叩《たた》くこと。シワも伸《の》ばすのでアイロンの役《やく》割《わり》もしています。**今《いま》だったら夜《よ》ふけにコーンコーンと大《おお》きな音《おと》を響《ひび》かせていたら、騒《そう》音《おん》のクレームが入《はい》りそう……。**

蹴《け》鞠《まり》と歌《うた》が上《じょう》手《ず》だった**飛《あす》鳥《か》井《い》雅《まさ》経《つね》**。後《ご》鳥《と》羽《ば》院《いん》99に蹴《け》鞠《まり》を教《おし》えていたのが、**雅《まさ》経《つね》**さんでした。

ちなみに蹴《け》鞠《まり》は勝《しょう》敗《はい》を決《き》めるスポーツではなく、シカの革《かわ》でできたボールを落《お》とさないように高《たか》く蹴《け》りあげ続《つづ》ける遊《あそ》びで、サッカーのリフティングに似《に》ています。

〈風《かぜ》そよぐ〉の従《じゅ》二《に》位《い》家《いえ》隆《たか》は……

おさわがせな定家《ていか》にふり回《まわ》される!?

風《かぜ》そよぐ
ならの小川《おがわ》の
夕《ゆう》ぐれは
みそぎぞ夏《なつ》の
しるしなりける

従《じゅ》二《に》位《い》家《いえ》隆《たか》

歌《うた》の意《い》味《み》

風《かぜ》が楢《なら》の葉《は》にそよぐ。ならの小川《おがわ》の夕暮《ゆうぐ》れは秋《あき》の様子《ようす》だけれど、行《おこな》われている禊《みそぎ》の行事《ぎょうじ》だけは、まだ夏《なつ》であるしるしなんだなあ。

DATA

- 歌番号《うたばんごう》：98首目《しゅめ》
- 本名《ほんみょう》：藤原家隆《ふじわらのいえたか》
- 活躍《かつやく》した時代《じだい》：平安《へいあん》～鎌倉《かまくら》
- 出典《しゅってん》：『新勅撰和歌集《しんちょくせんわかしゅう》』

藤原家隆《ふじわらのいえたか》の歌《うた》の師匠《ししょう》は藤原俊成《ふじわらのしゅんぜい》83。その息子《むすこ》の定家《ていか》さんともいっしょに『新古今和歌集《しんこきんわかしゅう》』を撰《えら》んだり歌合《うたあわせ》に出《で》たり。ふたりは当時《とうじ》を代表《だいひょう》する歌人《かじん》になります。

でも作風《さくふう》は正反対《せいはんたい》。こだわりが強《つよ》い定家《ていか》さんと、**〈風《かぜ》そよぐ〉**のように素直《すなお》でさっぱりした歌《うた》を詠《よ》む**家隆**《いえたか》さん。性格《せいかく》も反対《はんたい》で、怒《おこ》りっぽくて出世《しゅっせ》にこだわる定家《ていか》さんと、やさしくて、「おめでとう!」とお祝《いわ》いの歌《うた》を贈《おく》られてやっと自分《じぶん》の出世《しゅっせ》に気《き》がつくほどおっとり者《もの》の家隆《いえたか》さん。おさわがせな定家《ていか》さんのフォローをしていたようです。

後鳥羽院《ごとばいん》99が島流《しまなが》しにされても、最後《さいご》まで変《か》わらず尽《つ》くしました。

#夏《なつ》 #夏《なつ》の終《お》わり #夏越大祓《なごしのおおはらえ》 #屏風歌《びょうぶうた》 #掛詞《かけことば》 #本歌取《ほんかど》り #かぜそ

〈もろともに〉の前大僧正行尊《さきのだいそうじょうぎょうそん》は……

ひとりで厳《きび》しい修行中《しゅぎょうちゅう》、話《はな》し相手《あいて》は桜《さくら》の木《き》!?

もろともに
あは《わ》れと思《おも》へ《え》
山《やま》ざくら
花《はな》よりほかに
知《し》る人《ひと》もなし

前大僧正行尊《さきのだいそうじょうぎょうそん》

歌《うた》の意味《いみ》

いっしょにしみじみと
愛《いと》おしいと
思《おも》っておくれ、山桜《やまざくら》よ。
花《はな》のあなたのほかに
気持《きも》ちの通《つう》じる
友《とも》はいないのだから。

DATA

- 歌番号《うたばんごう》：66首目《しゅめ》
- 名前《なまえ》：行尊《ぎょうそん》
- 活躍《かつやく》した時代《じだい》：平安《へいあん》
- 出典《しゅってん》：『金葉和歌集《きんようわかしゅう》』

桜《さくら》に向《む》かって〈愛《いと》おしいと思《おも》っておくれ、花《はな》よ〉と話《はな》しかけている**前大僧正行尊《さきのだいそうじょうぎょうそん》**。ひとりで木《き》に話《はな》しかけている人《ひと》を公園《こうえん》で見《み》かけたら、防犯《ぼうはん》ブザーをならそうか悩《なや》むところ……。

白河天皇《しらかわてんのう》・鳥羽天皇《とばてんのう》・崇徳天皇《すとくてんのう》77に仕《つか》えたカリスマ僧侶《そうりょ》である**行尊《ぎょうそん》**さん。お祈《いの》りのパワーで解決《かいけつ》したエピソードがたくさんのこされています。

「育《そだ》ての母《はは》が病気《びょうき》になり、**行尊《ぎょうそん》**さんに会《あ》いたい……と連絡《れんらく》が。しかし修行中《しゅぎょうちゅう》は女性《じょせい》に会《あ》ってはいけないので、お祈《いの》りをしたミカンを届《とど》けてもらった。そのミカンを食《た》べた母《はは》の病気《びょうき》がたちまち

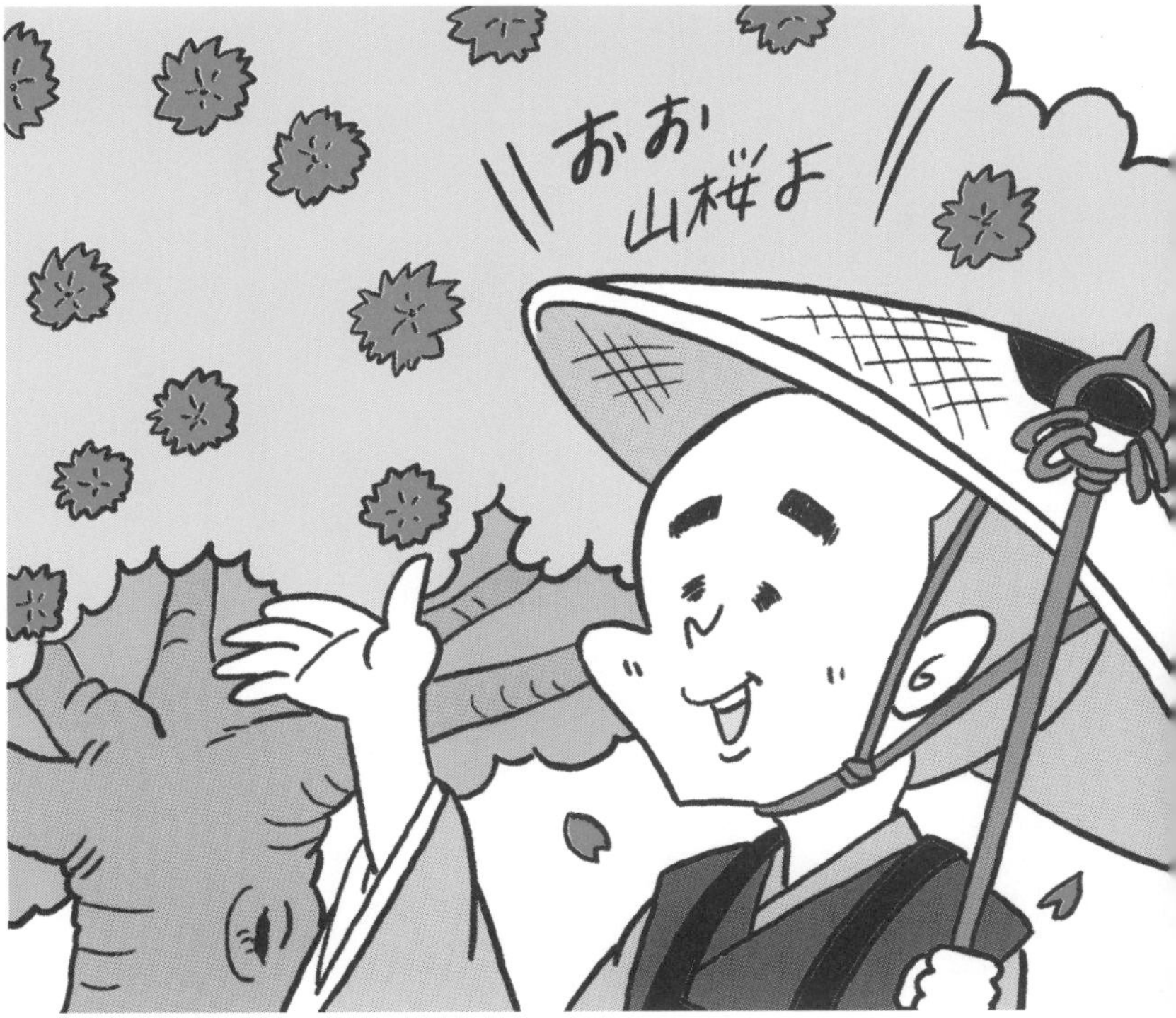

治《なお》った」
「鳥羽天皇《とばてんのう》が腰《こし》を痛《いた》めて動《うご》けなくなった。お祈《いの》りをはじめると天皇《てんのう》は何回《なんかい》もあくびをしはじめた。**行尊《ぎょうそん》**さんが手《て》を取《と》って立《た》たせると、すっと立《た》ちあがることができて腰痛《ようつう》はすっかり治《なお》っていた」などなど。そんな**ミラクルパワー**を手《て》に入《い》れるまで、**行尊《ぎょうそん》**さんはそれは**それは厳《きび》しい修行《しゅぎょう》をしました。17歳《さい》のときから18年間《ねんかん》も、あちこちの修行《しゅぎょう》の場《ば》を回《まわ》ったのです。**

〈もろともに〉もそんな修行中《しゅぎょうちゅう》に詠《よ》まれた歌《うた》。誰《だれ》もいない吉野《よしの》の山奥《やまおく》で、思《おも》いがけず桜《さくら》の花《はな》が咲《さ》いていた。「山桜《やまざくら》よ……。君《きみ》もひとりぼっちで咲《さ》いているのだね」と、うれしくなって話《はな》しかけてしまった**行尊《ぎょうそん》**さんなのでした。

#雑《ぞう》　#山桜《やまざくら》　#ひとりぼっち　#吉野《よしの》　#大峰山《おおみねさん》　#修行《しゅぎょう》　#三条院《さんじょういん》

〈あらし吹《ふ》く〉の能因法師《のういんほうし》は……

いい歌《うた》のためならウソもつく！

あらし吹《ふ》く
三室《みむろ》の山《やま》の
もみぢ《じ》葉《ば》は
竜田《たつた》の川《かわ》の
にしきなりけり

能因法師《のういんほうし》

歌《うた》の意味《いみ》

はげしい山風《やまかぜ》の吹《ふ》く
三室山《みむろやま》の紅葉《もみじ》の葉《は》は、
舞《ま》い落《お》ちて竜田川《たつたがわ》の
水面《すいめん》いっぱいに流《なが》れ、
まるで美《うつく》しい
錦織《にしきおり》のようだ。

DATA

- 歌番号《うたばんごう》：69首目《しゅめ》
- 本名《ほんみょう》：橘永愷《たちばなのながやす》
- 活躍《かつやく》した時代《じだい》：平安《へいあん》
- 出典《しゅってん》：『後拾遺和歌集《ごしゅういわかしゅう》』

夏休《なつやす》みにどこにも行《い》けなかったのに「旅行《りょこう》に行《い》ってきました！」と、昨年《きょねん》の夏《なつ》に出《で》かけたときの写真《しゃしん》をSNSにアップするのは、ウソではないけれど、うーん、人《ひと》をだますようなことは、ちょっとね……という感《かん》じ。

能因法師《のういんほうし》は、確《たし》かに昔《むかし》、奥州《おうしゅう》へ行《い》ったことがありました。

でも、京《きょう》の都《みやこ》にいるときに、奥州《おうしゅう》にある歌枕《うたまくら》「白河《しらかわ》の関《せき》」を題材《だいざい》にした歌《うた》を思《おも》いつきました。

「実際《じっさい》に目《め》の前《まえ》で見《み》て詠《よ》みました！と言《い》いたい……。そうだ！　旅行《りょこう》したふりをしよう！」

#日焼《ひや》け　#歌枕《うたまくら》　#数寄者《すきしゃ》　#中古三十六歌仙《ちゅうこさんじゅうろっかせん》　#あらし

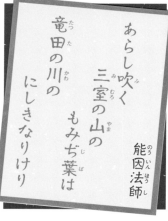

能因法師《のういんほうし》は、わざわざ友《とも》だちに「ちょっと留守《るす》にするから」とあいさつして、家《いえ》に引《ひ》きこもります。

ただ引《ひ》きこもっていては、肌《はだ》が白《しろ》くてうそがバレてしまいます。なので、屋根《やね》に穴《あな》をあけて日焼《ひや》けできるようにして、肌《はだ》がこんがりいい色《いろ》に焼《や》けた半《はん》年後《としご》に、みんなの前《まえ》に現《あらわ》れて歌《うた》を披露《ひろう》したのでした。

歌《うた》を愛《あい》しすぎる**能因法師《のういんほうし》**。歌枕《うたまくら》をめぐり、歌《うた》に詠《よ》まれた木《き》があると「尊《とうと》い……」と牛車《ぎっしゃ》から降《お》りて歩《ある》くほど（アニメの聖地巡礼《せいちじゅんれい》とテンションが同《おな》じ）。

さらに、手洗《てあら》い・うがいをきちんとして、身《み》を清《きよ》めてから歌集《かしゅう》を手《て》にしたそうです。

とにかく「短歌《たんか》ラブ！」な**能因法師《のういんほうし》**でした。

#秋《あき》 #紅葉《もみじ》 #嵐《あらし》 #三室山《みむろやま》 #竜田川《たつたがわ》 #華《はな》やか #奈良《なら》 #歌合《うたあわせ》

〈淡路島《あわじしま》〉の源兼昌《みなもとのかねまさ》は……

百人一首《ひゃくにんいっしゅ》に撰《えら》ばれるも、評価《ひょうか》はイマイチ!?

淡《あわ》路《じ》島《しま》　かよふ千鳥《ちどり》の　鳴《な》く声《こえ》に　いく夜《よ》寝《ね》ざめぬ　須磨《すま》の関守《せきもり》

源兼昌《みなもとのかねまさ》

歌《うた》の意味《いみ》

淡路島《あわじしま》を
行《い》き来《き》する千鳥《ちどり》の、
もの悲《がな》しい
鳴《な》き声《ごえ》のために
幾夜目《いくよめ》をさました
ことだろうか、
須磨《すま》の関守《せきもり》は。

DATA

- 歌番号《うたばんごう》：78首目《しゅめ》
- 本名《ほんみょう》：源兼昌《みなもとのかねまさ》
- 活躍《かつやく》した時代《じだい》：平安《へいあん》
- 出典《しゅってん》：『金葉和歌集《きんようわかしゅう》』

〈千鳥《ちどり》の鳴《な》き声《ごえ》がうるさくて、何度《なんど》も起《お》きちゃっただろうなあ〉と、昔《むかし》の関守《せきもり》の睡眠《すいみん》不足《ぶそく》を心配《しんぱい》する源兼昌《みなもとのかねまさ》。

「千鳥《ちどり》」は渡《わた》り鳥《どり》です。春《はる》に日本《にほん》にやってきて秋《あき》には飛《と》び立《た》ちますが、西日本《にしにほん》より南《みなみ》では冬《ふゆ》も日本《にほん》で過《す》ごすこともあります。なんと三千《さんぜん》～四千《よんせん》キロの距離《きょり》を飛行《ひこう》する種類《しゅるい》もいます。鳴《な》き声《ごえ》はというと、かなり高《たか》い声《こえ》で「ぴう！　ぴう！」とよく響《ひび》くので、確《たし》かに安眠《あんみん》を妨《さまた》げられそう……。

「どうしてこの歌《うた》を百首《ひゃくしゅ》の中《なか》に入《い》れたのだろう。定家《ていか》の気持《きも》ちがわからない」という人《ひと》も多《おお》く、もし兼昌《かねまさ》さんが聞《き》いたらショックでねむれなくなってしまいそう……。

#冬《ふゆ》　#淡路島《あわじしま》　#神戸《こうべ》　#歌枕《うたまくら》　#源氏物語《げんじものがたり》　#倒置法《とうちほう》　#あはぢ

〈音《おと》に聞《き》く〉の祐子内親王家紀伊《ゆうしないしんのうけのきい》は……
50歳《さい》年《とし》下《した》の貴《き》公《こう》子《し》と恋《こい》の文《ぶん》通《つう》!

祐子内親王家紀伊《ゆうしないしんのうけのきい》

音《おと》に聞《き》く　高師《たかし》の浜《はま》の　あだ波《なみ》は　かけじやそでの　ぬれもこそすれ

歌《うた》の意味《いみ》

うわさに高《たか》い
高師《たかし》の浜《はま》に、
いたずらに立《た》つ波《なみ》には
かかりません。
評判《ひょうばん》のあなたも
心《こころ》にかけません。
涙《なみだ》でそでをぬらす
なんていやだわ。

DATA
- 歌番号《うたばんごう》:72首目《しゅめ》
- 名前《なまえ》:祐子内親王家紀伊《ゆうしないしんのうけのきい》
- 活躍《かつやく》した時代《じだい》:平安《へいあん》
- 出典《しゅってん》:『金葉和歌集《きんようわかしゅう》』

〈あなたの悪《わる》いうわさは知《し》ってるのよ! 残念《ざんねん》でした! バイバーイ〉と**恋《こい》のおさそいをお断《ことわ》りしている祐子内親王《ゆうしないしんのう》に仕《つか》えた紀《き》伊《い》、なんと70歳代《さいだい》のおばあさん!**

お相手《あいて》は定家《ていか》さんの祖父《そふ》・藤原俊忠《ふじわらのとしただ》ですが、当時《とうじ》はまだおじいさんではなく、20代《だい》の若者《わかもの》でした。

年《とし》の差《さ》の恋《こい》。まさか……お金《かね》が目当《めあ》て!? ではなく、このやりとりは**ラブレターを贈《おく》りあう形式《けいしき》の歌合《うたあわせ》でのことなので、本当《ほんとう》の恋歌《こいうた》ではありません。**

でも、歌《うた》だけ見《み》ると年齢差《ねんれいさ》を感《かん》じさせません。**紀《き》伊《い》**さんが現代《げんだい》にいたら若者《わかもの》に交《ま》ざってバリバリSNSを使《つか》いこなしそう。

#恋《こい》　#お断《ことわ》り　#歌合《うたあわせ》　#祐子内親王《ゆうしないしんのう》　#藤原俊忠《ふじわらのとしただ》　#掛詞《かけことば》　#縁語《えんご》　#おと

〈難波江《なにわえ》の〉の皇嘉門院別当《こうかもんいんのべっとう》は……

運命《うんめい》の人《ひと》との出逢《であ》い……すべて想像《そうぞう》だった！

難波江《なにわ》の
あしのかりねの
ひとよゆゑ《え》
みをつくしてや
恋《こ》ひ《い》わたるべき

皇嘉門院別当《こうかもんいんのべっとう》

歌《うた》の意味《いみ》

難波江《なにわえ》の葦《あし》の、
刈《か》り根《ね》の一節《いっせつ》に似《に》た
短《みじか》い旅先《たびさき》の仮寝《かりね》の
一夜《いちや》のために、
身《み》を尽《つ》くし
あなたを思《おも》い
続《つつ》けるのでしょうか。

DATA
- 歌番号《うたばんごう》：88首目《しゅめ》
- 名前《なまえ》：皇嘉門院別当《こうかもんいんのべっとう》
- 活躍《かつやく》した時代《じだい》：平安《へいあん》～鎌倉《かまくら》
- 出典《しゅってん》：『千載和歌集《せんざいわかしゅう》』

旅行《りょこう》に出《で》かけたときに食《た》べた「ご当地限定《とうちげんてい》」のアイス。あまいけれどさっぱりしていて、今《いま》まで探《さが》していた運命《うんめい》の味《あじ》！

また食《た》べたい……と思《おも》ったのに「お取《と》り寄《よ》せ」はできないし、さらに「期間限定《きかんげんてい》」で明日《あす》までしか食《た》べられない！ せっかく運命《うんめい》の味《あじ》に会《あ》えたのに。もう一度《いちど》、食《た》べたかったのに……。

皇嘉門院別当《こうかもんいんのべっとう》も、運命《うんめい》の相手《あいて》に出逢《であ》いました。

でも、好《す》きな人《ひと》に会《あ》ったのは旅先《たびさき》だったので、そのあとまた会《あ》うことができませんでした。

#旅宿逢恋《りょしゅくにあうこい》 #崇徳院《すとくいん》 #序詞《じょことば》 #掛詞《かけことば》 #縁語《えんご》 #なにわえ

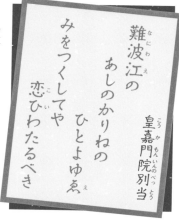

たった一度《いちど》だけ会《あ》った好《す》きな人《ひと》のことを思《おも》って、この先《さき》ずっと生《い》きていくのだろうか……。**別当《べっとう》**さん、運命《うんめい》のアイス、ではなく愛《あい》する人《ひと》のことを思《おも》って、しょんぼりしています。

……と「旅宿《りょしゅく》に逢《あ》う恋《こい》」という歌合《うたあわせ》のテーマで、**〈難波江《なにわえ》の〉**を詠《よ》んだ**別当《べっとう》**さん。すべて想像《そうぞう》なのに、まるで本当《ほんとう》に体験《たいけん》したかのようなリアルさがあります。

別当《べっとう》さんが仕《つか》えた「皇嘉門院《こうかもんいん》」こと皇后聖子《こうごうせいし》は、島流《しまなが》しにされた崇徳院《すとくいん》77の妻《つま》でした。

そして、聖子《せいし》の父《ちち》は藤原忠道《ふじわらのただみち》76。つまり「保元《ほうげん》の乱《らん》」では、夫《おっと》と父《ちち》が戦《たたか》ったのです。聖子《せいし》は崇徳院《すとくいん》が島流《しまなが》しにされたとき、いっしょにはついていかずに、都《みやこ》にのこり出家《しゅっけ》しました。

SYONBORI HYAKUNIN ISSHU

#恋《こい》 #運命《うんめい》の恋《こい》 #もう会《あ》えない #難波《なにわ》 #葦《あし》 #みおつくし #歌合《うたあわせ》

〈ながらへば《え》〉の藤原清輔朝臣《ふじわらのきよすけあそん》は……

父《ちち》に冷《つめ》たくされ、歌集《かしゅう》は完成間際《かんせいまぎわ》にお蔵入《くらい》り！

ながらへば《え》
またこのごろや
しのばれむ《ん》
うしと見《み》し世《よ》ぞ
今《いま》は恋《こい》しき

藤原清輔朝臣《ふじわらのきよすけあそん》

歌《うた》の意味《いみ》

このまま
生《い》きながらえれば、
つらい今《いま》のことが
なつかしく
思《おも》い出《だ》されるであろうか。
つらかった昔《むかし》が、
今《いま》では恋《こい》しいのだから。

DATA

- 歌番号《うたばんごう》：84首目《しゅめ》
- 本名《ほんみょう》：藤原《ふじわらの》（六条《ろくじょう》）清輔《きよすけ》
- 活躍《かつやく》した時代《じだい》：平安《へいあん》
- 出典《しゅってん》：『新古今和歌集《しんこきんわかしゅう》』

〈ながらへば《え》〉は、**藤原清輔《ふじわらのきよすけ》**が、いとこに贈《おく》った「生《い》きていく上《うえ》でのアドバイス」の歌《うた》です。

清輔《きよすけ》さんも歌人《かじん》として有名《ゆうめい》な家《いえ》の出《しゅっ》身《しん》。歌人《かじん》の父《ちち》・左京大夫顕輔《さきょうのだいぶあきすけ》79は、なぜか清輔《きよすけ》さんに冷《つめ》たいのです。

あるとき崇徳院《すとくいん》77から顕輔《あきすけ》に「新《あたら》しい歌集《かしゅう》を作《つく》りなさい」と命令《めいれい》が。**清輔《きよすけ》**さんも手伝《てつだ》いますが、完成《かんせい》した『詞花和歌集《しかわかしゅう》』に清輔《きよすけ》さんの歌《うた》は一首《いっしゅ》も撰《えら》ばれていません。「撰者《せんじゃ》の子《こ》どもの歌《うた》は、撰《えら》ばないのが決《き》まりだ」と顕輔《あきすけ》は言《い》いますが、そんなルールは聞《き》いたことがありませんでした。

#続詞花集《しょくしかしゅう》　#六条藤家《ろくじょうとうけ》　#中古六歌仙《ちゅうころっかせん》　#ながら

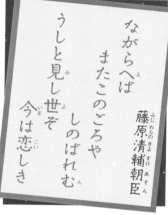

清輔《きよすけ》さん、ひとりコツコツ歌《うた》の勉強《べんきょう》をし、歌《うた》の才能《さいのう》をアピールして自力《じりき》で出世《しゅっせ》していきます。崇徳院《すとくいん》が島流《しまなが》しされたのち、二条院《にじょういん》からついに「新《あたら》しい歌集《かしゅう》を作《つく》りなさい」と待《ま》ち望《のぞ》んだ依頼《いらい》がきたのです！

しかし『続詞花集《しょくしかしゅう》』が完成《かんせい》し、直《なお》しの作業《さぎょう》をしている間《あいだ》に二条院《にじょういん》が亡《な》くなり、せっかくの歌集《かしゅう》はまぼろしに……。

〈どれだけ今《いま》がつらくても、生《い》きていれば、いつかなつかしく思《おも》える日《ひ》が来《く》るよ〉と歌《うた》う清輔《きよすけ》さん。困難《こんなん》を乗《の》り越《こ》え、藤原俊成《ふじわらのしゅんぜい》83をよきライバルとして活躍《かつやく》し、74歳《さい》まで長《なが》生《い》きしました。

父《ちち》・顕輔《あきすけ》は亡《な》くなる直前《ちょくぜん》に清輔《きよすけ》さんの才能《さいのう》を認《みと》めて、後《あと》つぎのあかしの硯《すずり》と「柿本人麻呂《かきのもとのひとまろ》の姿絵《すがたえ》」を渡《わた》してくれたのでした。

#雑《ぞう》　#つらいとき　#乗《の》り越《こ》える　#父《ちち》と不仲《ふなか》　#藤原顕輔《ふじわらのあきすけ》　#二条天皇《にじょうてんのう》

〈秋風《あきかぜ》に〉の左京大夫顕輔《さきょうのだいぶあきすけ》は……

大事《だいじ》な仕事《しごと》を任《まか》されるも、クレームの嵐《あらし》！

秋風《あきかぜ》に
たなびく雲《くも》の
絶《た》え間《ま》より
もれいづる月《つき》の
かげのさやけさ

左京大夫顕輔《さきょうのだいぶあきすけ》

歌《うた》の意味《いみ》

秋風《あきかぜ》に吹《ふ》かれ、
たなびいている
雲《くも》の切《き》れ間《ま》から
もれ出《で》てくる
月《つき》の光《ひかり》は、
なんと明《あか》るく
すみきっているの
だろう。

DATA

- 歌番号《うたばんごう》：**79首目《しゅめ》**
- 本名《ほんみょう》：**藤原《ふじわらの》（六条《ろくじょう》）顕輔《あきすけ》**
- 活躍《かつやく》した時代《じだい》：**平安《へいあん》**
- 出典《しゅってん》：**『新古今和歌集《しんこきんわかしゅう》』**

秋《あき》の美《うつく》しい月《つき》の光《ひかり》をさわやかに詠《よ》んだ**〈秋風《あきかぜ》に〉**。息子《むすこ》・藤原清輔《ふじわらのきよすけ》84にはあんなにいじわるだったくせに……。

藤原顕輔《ふじわらのあきすけ》の父《ちち》はお金《かね》を貯《た》めるのが上手《じょうず》で、歌《うた》が大好《だいす》き！　歌聖《かせい》・柿本人麻呂《かきのもとのひとまろ》の姿絵《すがたえ》をまつり、歌人《かじん》たちを呼《よ》んで自宅《じたく》で歌合《うたあわせ》を開催《かい》《さい》。恵《めぐ》まれた環境《かんきょう》で**顕輔《あきすけ》**さんは歌人《かじん》としてぐんぐん成長《せいちょう》します。

白河法皇《しらかわほうおう》にきらわれたりもしましたが、幼《おさな》いころから歌《うた》が好《す》きな崇徳院《すとくいん》77と仲良《なかよ》くなり『詞花和歌集《しかわかしゅう》』の撰者《せんじゃ》になります。

しかし**収録《しゅうろく》**した**歌《うた》**が少《すく》なかったので、**撰《えら》ばれなかった歌人《かじん》から激《はげ》しいブーイングを受《う》けて大変《たいへん》な目《め》にあった顕輔《あきすけ》**さんでした。

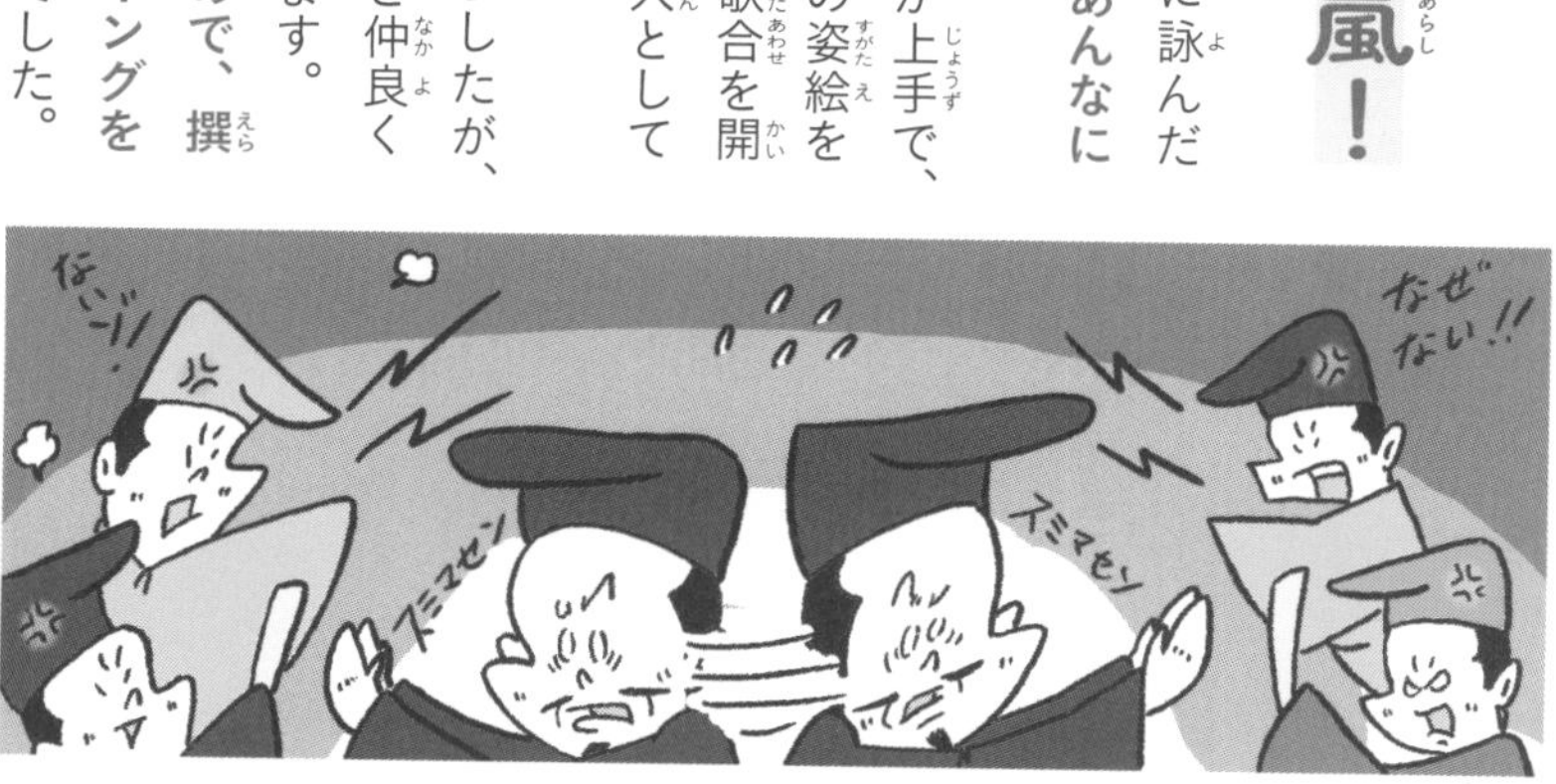

#秋《あき》　#月《つき》　#久安百首《きゅうあんひゃくしゅ》　#藤原清輔《ふじわらのきよすけ》　#崇徳院《すとくいん》　#六条家《ろくじょうけ》　#あきか

〈ほととぎす〉の後徳大寺左大臣《ごとくだいじのさだいじん》は……

ねむいのをがまんしたのに、鳥《とり》の姿《すがた》は見《み》られず！

ほととぎす
鳴《な》きつるかたを
ながむれば
ただありあけの
月《つき》ぞ残《のこ》れる

後徳大寺左大臣《ごとくだいじのさだいじん》

歌《うた》の意味《いみ》

ホトトギスが鳴《な》いた、と その方角《ほうがく》を 見渡《みわた》してみると、もうホトトギスの 姿《すがた》はなく、ただ有明《ありあけ》の月《つき》だけが 空《そら》に残《のこ》っていたよ。

DATA

- 歌番号《うたばんごう》：81首目《しゅめ》
- 本名《ほんみょう》：藤原《ふじわらの》（徳大寺《とくだいじ》）実定《さねさだ》
- 活躍《かつやく》した時代《じだい》：平安《へいあん》
- 出典《しゅってん》：『千載和歌集《せんざいわかしゅう》』

藤原実定《ふじわらのさねさだ》は、じっと待《ま》っています。恋人《こいびと》を？　いえいえ、鳥《とり》が鳴《な》くのを待《ま》っているのです。

夏《なつ》になると日本《にほん》にやってくる渡《わた》り鳥《どり》であるホトトギス（カッコウに托卵《たくらん》することでも有名《ゆうめい》）。夏《なつ》になってはじめての鳴《な》き声《ごえ》「初音《はつね》」を聞《き》くのを、貴族《きぞく》は楽《たの》しみにしていました。夜明《よあ》け前《まえ》に鳴《な》くことが多《おお》いホトトギス。ねむらないようにしながら、じっと耳《みみ》をすませます。ねむいなぁ。まだかな……。

キョッキョ、キョキョキョキョキョ！　あ！　鳴《な》いた！　と思《おも》って外《そと》へ飛《と》び出《だ》していくと、そこには鳥《とり》の姿《すがた》はなく、ただうすぼんやり光《ひか》る月《つき》だけがあったのでした。

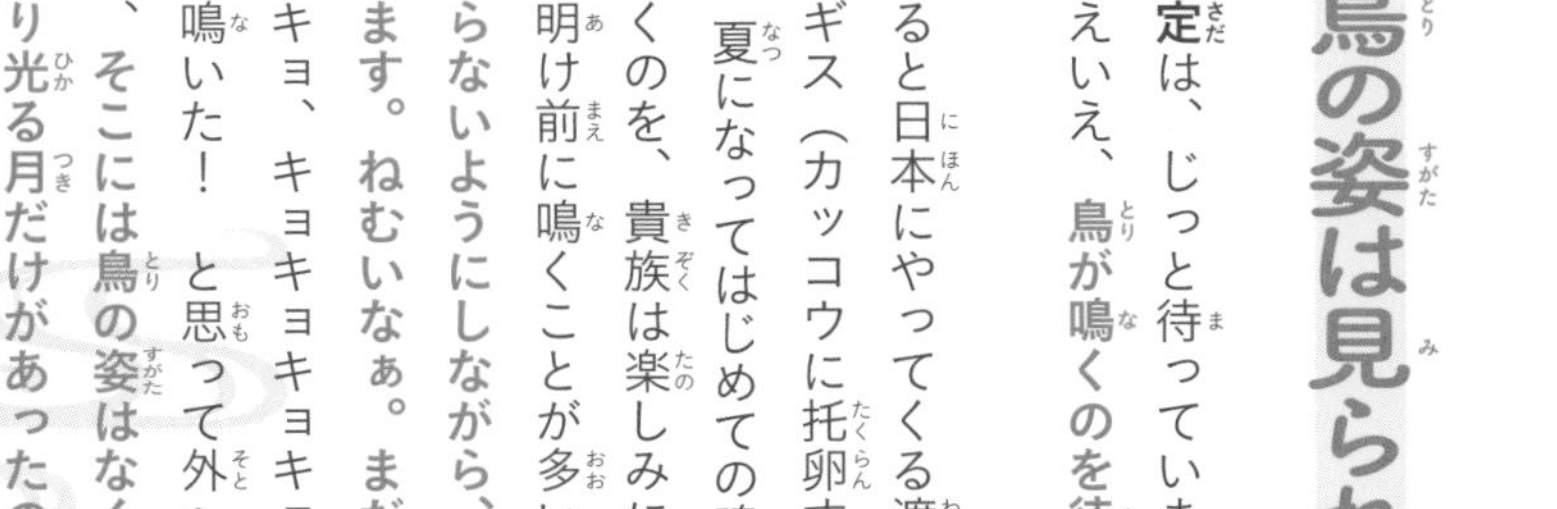

#夏《なつ》　#月《つき》　#有明《ありあけ》の月《つき》　#ホトトギス　#初音《はつね》　#藤原俊成《ふじわらのしゅんぜい》　#歌林苑《かりんえん》　#は

〈秋《あき》の田《た》の〉の天智天皇《てんじてんのう》は……

天《てん》皇《のう》中《ちゅう》心《しん》の世《よ》の中《なか》にしたのに……まさか！

秋《あき》の田《た》の
かりほ《お》のいほ《お》の
とまをあらみ
わが衣手《ころもで》は
つゆにぬれつつ

天智天皇《てんじてんのう》

歌《うた》の意味《いみ》

秋《あき》の田《た》んぼにある仮小屋《かりごや》は、草《くさ》であんだ屋根《やね》だからすき間《ま》だらけだ。わたしの着物《きもの》の袖《そで》は、夜《よ》つゆにぬれ続《つつ》けているなあ。

DATA

- 歌番号《うたばんごう》：1首目《しゅめ》
- 本名《ほんみょう》：天智天皇《てんじてんのう》（中大兄皇子《なかのおおえのおうじ》）
- 活躍《かつやく》した時代《じだい》：飛鳥《あすか》
- 出典《しゅってん》：『後撰和歌集《ごせんわかしゅう》』

飛鳥時代《あすかじだい》、大臣《だいじん》である蘇我蝦夷《そがのえみし》とその息子《むすこ》・入鹿《いるか》が、天皇《てんのう》よりも大《おお》きな力《ちから》を持《も》っていました。それを天皇中心《てんのうちゅうしん》にしようと動《うご》いたのが、**中大兄皇子《なかのおおえのおうじ》**とその**相棒《あいぼう》である中臣鎌足《なかとみのかまたり》**です。

協力《きょうりょく》して蘇我親子《そがおやこ》を倒《たお》したあと、中大兄皇子《なかのおおえのおうじ》は**天智天皇《てんじてんのう》**と名前《なまえ》を変《か》え、「大化《たいか》の改新《かいしん》」を行《おこな》いました。はじめての元号《げんごう》「大化《たいか》」を定《さだ》めたり、新《あたら》しい都《みやこ》を作《つく》ったり、戸籍《こせき》の整備《せいび》を行《おこな》ったり。その政策《せいさく》は、娘《むすめ》の持統天皇《じとうてんのう》❷へと引《ひ》きつがれました。

相棒《あいぼう》の中臣鎌足《なかとみのかまたり》は、**天智天皇《てんじてんのう》**から「藤原《ふじわら》」の名字《みょうじ》をもらい「藤原鎌足《ふじわらのかまたり》」

#大化《たいか》の改新《かいしん》 #近江神宮《おうみじんぐう》 #第《だい》38代天皇《だいてんのう》 #あきの

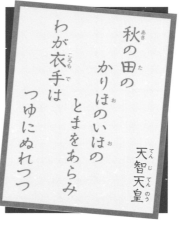

になりました。百人一首《ひゃくにんいっしゅ》にもたくさん登場《とうじょう》する「藤原氏《ふじわらし》」のはじまりです。

百人一首《ひゃくにんいっしゅ》を歌番号順《うたばんごうじゅん》に並《なら》べると、**天《てん》智天皇《じてんのう》❶**・**持統天皇《じとうてんのう》❷**の親子《おやこ》からはじまり、**後鳥羽院《ごとばいん》(99)**・**順徳院《じゅんとくいん》(100)**の親子《おやこ》で終《お》わります。

つまり、**蘇我氏《そがし》**から政権《せいけん》を取《と》り戻《もど》した天皇《てんのう》からはじまり、**鎌倉幕府《かまくらばくふ》・北条《ほうじょう》家《け》**に政権《せいけん》をうばわれた天皇《てんのう》で終《お》わっている、ということでもあります。

約五百八十年《やくごひゃくはちじゅうねん》におよぶ、天皇《てんのう》を中心《ちゅうしん》とした時代《じだい》の歴史《れきし》が「百人一首《ひゃくにんいっしゅ》」に詰《つ》まっているのです。

もし、天智天皇《てんじてんのう》が「百人一首《ひゃくにんいっしゅ》」を読《よ》んだら「ええ!? あんなにがんばって天皇中心《てんのうちゅうしん》の世《よ》の中《なか》にしたのに、権力《けんりょく》をうばわれてしまうなんて……」と、しょんぼりしてしまうことでしょう。

#秋《あき》 #露《つゆ》 #稲《いね》 #農民《のうみん》の気持《きも》ち #中臣鎌足《なかとみのかまたり》 #持統天皇《じとうてんのう》

エピローグ

お正月《しょうがつ》、のどかなムードのなかで楽《たの》しくかるた取《と》りで遊《あそ》ぶ。
耳《みみ》をよくすませて、札《ふだ》の位置《いち》をよく見《み》て、しっかり覚《おぼ》えて、
誰《だれ》よりも早《はや》く札《ふだ》に手《て》を伸《の》ばす！
勝負《しょうぶ》に一生懸命《いっしょうけんめい》になっていると、つい忘《わす》れてしまいますが、
かるたで詠《よ》まれているのは「歌《うた》」です。
「歌《うた》」は、人《ひと》の心《こころ》が動《うご》いたときに生《う》まれます。
うれしかったり、悲《かな》しかったり、切《せつ》なかったり、
いろんな感情《かんじょう》が歌《うた》には詠《よ》まれています。

「百人一首《ひゃくにんいっしゅ》」には、１００のしょんぼりするエピソードがありました。
もし、あなたがこの先《さき》、なんだかうまくいかなくて
しょんぼりしてしまったら、百人一首《ひゃくにんいっしゅ》の歌《うた》を思《おも》い出《だ》してください。
遠《とお》い昔《むかし》の歌人《かじん》たちも、あなたと同《おな》じように、人生《じんせい》に、恋愛《れんあい》に、仕事《しごと》に、
いろんなことにしょんぼりして、それを「歌《うた》」にして、乗《の》りこえてきました。
あなたがしょんぼりしているときに
「うんうん。わかるよ、その気持《きも》ち……」と、
そっと寄《よ》りそってくれる「歌《うた》」が、
「百人一首《ひゃくにんいっしゅ》」にはあるはずです。

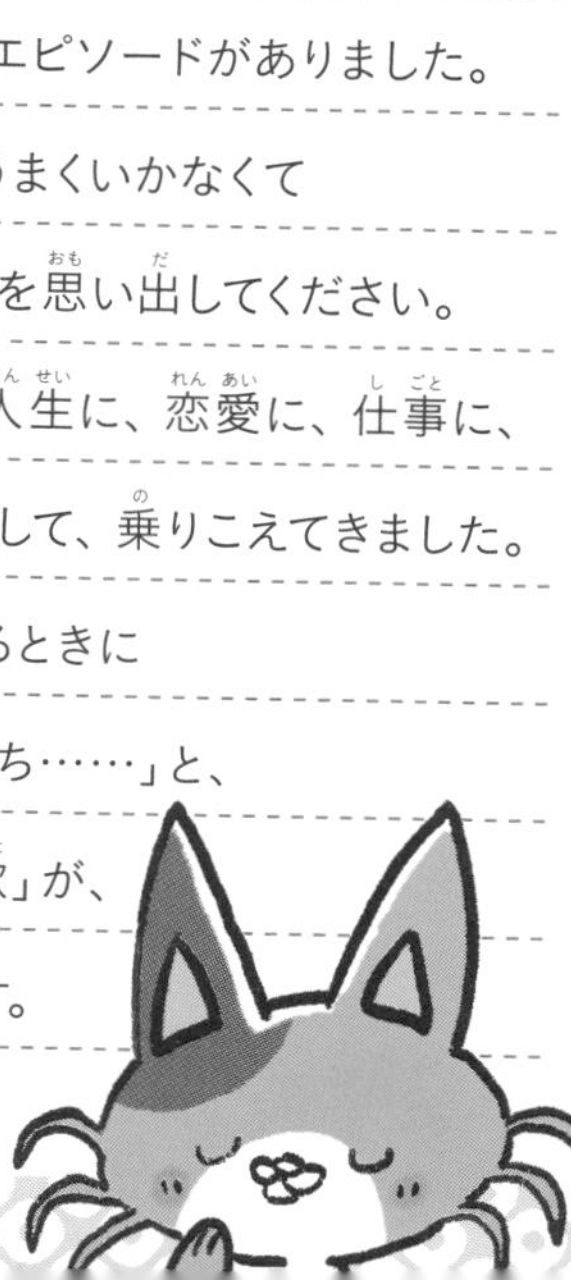

おもな参《さん》考《こう》文《ぶん》献《けん》

『百人一首一夕話』上・下尾崎雅嘉・著　古川 久・校訂（岩波文庫）

別冊歴史読本「百人一首100人の歌人」（新人物往来社）

『百人一首の新考察　定家の撰歌意識を探る』吉海直人・著（世界思想社）

『百人一首』有吉 保・全訳注（講談社学術文庫）

『源氏物語図典』秋山 虔、小町谷 照彦・編　須貝 稔・作図（小学館）

『新訂　国語図説』（京都書房）

『有職装束大全』八條忠基・著（平凡社）

『平安朝の生活と文学』 池田亀鑑・著（ちくま学芸文庫）

『「百人一首」かるた大会で勝つための本』カルチャーランド・著（メイツ出版）

『恋も仕事も日常も　和歌と暮らした日本人』浅田 徹・著（淡交社）

別冊歴史読本「歴代天皇・皇后総覧」（新人物往来社）

新編日本古典文学全集『萬葉集』『古今和歌集』『竹取物語 伊勢物語 大和物語 平中物語』『土佐日記　蜻蛉日記』『枕草子』『源氏物語』『和泉式部日記　紫式部日記 更級日記 讃岐典侍日記』『栄花物語』『大鏡』『新古今和歌集』（小学館）

『歴史読み枕草子　清少納言の挑戦状』赤間恵都子・著（三省堂）

『エピソードでおぼえる！百人一首おけいこ帖』天野 慶・著　睦月ムンク・絵（朝日学生新聞社）

『ちはやふる』末次由紀・著（講談社）

『ちはやと覚える百人一首「ちはやふる」公式和歌ガイドブック』末次由紀・漫画　あんの秀子・著（講談社）

『超訳百人一首 うた恋い。』1～4杉田 圭・著　渡部泰明・監修（KADOKAWA／メディアファクトリー）

『うた恋い。和歌撰　恋いのうた。』渡部泰明・著　杉田 圭・イラスト（KADOKAWA／メディアファクトリー）

幻冬舎の百人一首の本

『はじめての百人一首ブック』
天野 慶・著

はじめての百人一首
アプリ（無料）はこちら！
https://bonusstage.net/hyakunin/

『美しい字で脳を鍛える百人一首』
和田康子・書／天野 慶・著

天野《あまの》 慶《けい》

1979年、東京・三鷹市生まれ。 短歌結社「短歌人」会同人。 かるた『はじめての百人一首』(幻冬舎)考案、NHKラジオ第1「ケータイ短歌」「ラジオ深夜便」出演、小中学生向けのワークショップ、雑誌連載のほか、『ちはやふる』(末次由紀/講談社)の93首・95首に短歌を提供するなど、幅広い場で短歌と百人一首の魅力を伝えている。絵本『ママが10にん!?』(絵・はまのゆか/ほるぷ出版)で第10回ようちえん絵本大賞を受賞。歌集に『つぎの物語がはじまるまで』(六花書林)、近著に『美しい字で和をいつくしむ万葉集』(書・和田康子/幻冬舎)『枕草子いとめでたし!』(朝日新聞出版)がある。短歌の代表作は＜この道は春に花降る道となる パラダイスとは変化するもの＞。

イラスト　イケウチリリー
ブックデザイン　百足屋ユウコ＋豊田知嘉(ムシカゴグラフィクス)
DTP　ローヤル企画

しょんぼり百《ひゃく》人《にん》一《いっ》首《しゅ》
～それでも愛《いと》おしい歌人《かじん》たち～

2020年11月25日　第1刷発行

著者　天野 慶
発行人　見城 徹
編集人　中村晃一
編集者　渋沢 瑶
発行所　株式会社 幻冬舎
〒151-0051
東京都渋谷区千駄ヶ谷4-9-7
電話03(5411)6215(編集)
03(5411)6222(営業)
振替00120-8-767643

印刷・製本所　中央精版印刷株式会社

検印廃止

ISBN978-4-344-79013-1　C8076
ホームページアドレス　https://www.gentosha-edu.co.jp/
この本に関するご意見・ご感想をメールでお寄せいただく場合は、
info@gentosha-edu.co.jpまで。